Challenge of Guam CHamoru Dance
A Re-created Tradition, Revived Culture

グアム・チャモロダンスの挑戦
失われた伝統・文化を再創造する

中山京子
Kyoko Nakayama

明石書店

著者が指導者として主宰するグアム政府公認のグマ（グループ）、「グマ・ファマグウン・タノ・ザニ・タシ」のメンバーが着用するパレオの図柄。デザインはグアムのアーティスト、ロン・カルロス氏およびルディ・リビエラ氏による。

地図1　マリアナ諸島

地図2　グアム
（距離尺はおよそのものです）

はじめに

　2007年に「チャモロダンス」をグアムで初めて見て以来、チャモロダンスを観察して12年となった。外側から観察するのではなく、当事者の一人となって物事を観察して解釈する「参与観察」である。しかし、これは結果として参与観察者になったわけで、12年前から「観察すること」「研究対象にすること」を目的にはしていなかった。どちらかといえば、「期せずしてそうなる」ことの連続によって現在に至ったというのが正しい。自分がチャモロダンスのパフォーマーとなり、チャモロダンスの団体を率いることになるとは予想もしなかったことである。おかげで、これまでに経験したことのない類の面白さ、苦労、喜びを味わい、仲間と出会い、またグアムの人びとと深く関わることができた。最後の付章に筆者の取り組みを述べたが、チャモロの歴史と文化、アイデンティティと教育の問題に関心が強く、グアムや北マリアナ諸島に通い学んできた。その過程で学んだチャモロダンスに関する知見を内に留めておくよりも、広く公開した方が意義あることだと数年前から考えるようになった。

　チャモロダンスについて「書く」という行為にためらいがなかったわけではない。それは文化人類学における「文化を書く」ことの議論が常に頭をよぎるからである。本書で語るチャモロダンスの世界は現在進行形であり、私は常にその「場」にいるわけではない。日本に生活の拠点があり、その「場」に出入りしているに過ぎず、自分自身がグアムの先住民族チャモロでもない。できるだけ事実を書こうと思う。しかしこの「事実」は筆者が見たものであり、すべてではない。「事実」と思っているものでさえ、事実ではない可能性もある。たとえ事実であっても、それは一部であり、総体ではない。

　「文化を書く」ことについて、ジェイムズ・クリフォードは、民族誌はフィクションであるとも言う。「文化的真実や歴史的真実の部分性、つまり真実と言われているものが実はいかに故意に整理されていて、また排他的であるかということを意味する。フィクションの語源であるラテン語のフィンゲレ

(fingere)は『創られたもの、あるいは装ったもの』という意味であるが、その意味において民族誌は確かにフィクションであると言える」(クリフォード 1996: 11)とする。本書で書くチャモロダンスの世界は「部分」であり、それは筆者によって整理されてしまうことにもなる。そしてさらに、対象であるチャモロダンスそのものが「創られたもの」であるならば、どこに真実はあるのか。

　それでも「書く」ことを決意したのには、いくつかの理由がある。まず、「文化・伝統の再創造」が日本から近い島で起こり、それがどのように展開し定着したのか、文化人類学の見地から記録に残す価値があると考えた。チャモロ文化の復興にダンス表現を通じて生涯をかけて取り組んでいるフランシスコ(フランク)・B・ラボンという人物と呼応して活動している人びとの生き様と、グローバル化に翻弄され続けて来た島の人びとが「文化を取り戻そう」とする姿を記録に残したいと考えた。リゾートと米軍基地の島グアムに「文化」を議論するまなざしを向けた日本の学者はこれまでいなかった。第二次世界大戦中、日本はグアムを「大宮島」として統治下におき、チャモロ文化の収奪に加担した。チャモロ文化復興運動を記録に残すことで、少しでも償うことができれば、という個人的な想いもある。次に、日本国内でチャモロダンスが少しずつ知られていく中で、チャモロダンスは、ハワイ先住民のフラと同様に捉えられがちであるが、成立の背景が大きく異なることを示しておきたいと考えたからである。チャモロダンスに興味を持つ人が、表面的なパフォーマンスの模倣レベルから脱し深い理解を求めるレベルに至ったときに、探求することができる情報があることは役に立つだろう。

　本書の構成は、まず第1章で、「創られた伝統としてのチャモロダンス」について述べる。植民地支配の歴史によって文化的虐殺がおこり失われてしまった文化の現状と再生について、チャモロダンスの事例を述べる。第2章では、チャモロダンスが教育を通して広がったこと、第3章ではチャモロダンスに用いられる衣装・道具・楽器の紹介を通して、文化の考察、再生のプロセスを考える。第4章では多文化化している島でどのようにチャモロ・アイデンティティが覚醒したのか、そして第5章ではチャモロダンスが北マリ

はじめに

アナ諸島やアメリカ本土に広がる様子を述べる。第6章では2016年にグアムで開催された太平洋芸術祭とそこで「再創造としての伝統的なチャモロダンス」が完成した様子を述べる。第7章では、チャモロダンスがどのように島の観光産業と結びついているのかを示し、第8章では「創られた伝統的なチャモロダンス」が根付くのかどうか、検討する。最後に付章として、筆者らが取り組んでいる日本でのチャモロダンスの活動を紹介する。

本書では、各章、各節の内容にふさわしいチャモロダンス曲の歌詞やチャント（詠唱）をいくつか紹介する。そこから島の外の筆者には伝えきれない当事者の願いを読み取っていただければと思う。また、これから日本でもチャモロダンスの愛好家が増えることが予想されるが、曲の背景や歴史的・社会的文脈の中で曲を理解していただけたらと思う。

太平洋をフィールドにした文化人類学に興味を寄せる人、太平洋の芸能文化に興味がある人、チャモロダンスに興味がある人、ポストコロニアリズムに興味がある人、グローバリズムと文化に興味がある人など、多くの方に本書を手にとっていただければ嬉しい。そして植民地主義の中で生き抜いてきた人びととの「文化の再創造」という形を通した文化奪還の取り組みを知っていただけたら幸いである。

*

チャモロの表記について、本書では英語表記ではChamorro、チャモロ語表記ではChamoruもしくはCHamoruと表記している。近年グアムでは、表記をより自分たちを表すのにふさわしいものに、チャモロ語の発音に近くする動きがある。例えば、グアム（Guam）は西洋によってつけられた名称であり、チャモロ本来の呼び方に近いであろうグアハン（Guahan）と呼ぶ運動がある。Chamoru（チャモル）よりCHamoru（ツァモル）と正しい発音を意識した表記に変えるなどの運動がある。本書では、チャモロ語の歌を紹介しているが、作詞当時に示された表記に従い、Chamoruと表記されたものはそのままにしている。

チャモロ語はもともと音声言語であり、文字を持たなかった。西洋のアル

ファベットを導入して表記をするようになったことから、正書法はある程度整理されているが確立されておらず、表記スペルの正解はない。チャモロ語には島ごと、村ごとの方言が強く、音声をそのまま表記した結果、その表記にも差異が生じる。また、古いチャモロ語と現代のチャモロ語は表現が異なる。音声言語にアルファベットを当てはめた表記に、チャモロ語を知らない人が発音できるように発音記号をつけて表記することが増え、いつのまにかチャモロ語表記そのものに、定着した経緯がある。本書で紹介するチャモロ語の歌詞には、åやñaの表記が出てくる。åはエイではなく日本語のアに近い音声、ñaはナではなく日本語のニャに近い音声となる。発音記号はないが、yuの表記はチャモロ語ではズとなる。チャモロ語話者でも、若い世代は発音記号付きのチャモロ語表記に馴染みがあり、熟達しているチャモロ語話者は記号は必要ないのでアルファベットのみの表記のスタイルを好んで用いている。本書では、用いた1次資料の表記を尊重している都合、多少の表記の揺らぎがあることを了解していただきたい。

もくじ

グマ・ファマグウン・タノ・ザニ・タシのパレオ図柄 ………… 3
地図 ……………………………………………………………… 4
はじめに ………………………………………………………… 7

1. 創られた伝統としてのチャモダンス
1.1. チャモダンスはなかった ……………………………… 17
1.2. フランシスコ・B・ラボン氏の挑戦 ………………… 23
1.3. 後継者の育成 …………………………………………… 36

2. 教育における広がり
2.1. チャモダンスの学校教育への導入 …………………… 42
2.2. 中学・高校におけるチャモダンスシーン ………… 47
2.3. 社会教育における広がり ……………………………… 54

3. チャモダンスの衣装・道具・楽器
3.1. 歴史を表す衣装 …………………………………………… 60
3.2. 協働して作る道具 ……………………………………… 68
3.3. 使用される楽器 ………………………………………… 76

4. チャモ・アイデンティティの覚醒
4.1. 島の多様化の中で ……………………………………… 80
4.2. チャモ語への渇望とカバーソングの流行 ………… 83
4.3. 増えるチャモダンスの担い手と指導者の苦悩 …… 86

5. マリアナ諸島、本土への広がり
- 5.1. 北マリアナ諸島のチャモロダンス ……………………… 89
- 5.2. アメリカ本土での普及 …………………………………… 93

6. グアム・太平洋芸術祭とチャモロダンス
- 6.1. 太平洋芸術祭による刺激 ………………………………… 98
- 6.2.「再創造としての伝統的なチャモロダンス」の完成 ……101

7. チャモロダンスと観光産業
- 7.1. グアム政府観光局との連携 ………………………………108
- 7.2. 日本での普及 ………………………………………………112

8.「創られた伝統」は根付くのか
- 8.1. シナヒの議論 ………………………………………………117
- 8.2. チャモロダンスの定着と多様化 …………………………122
- 8.3. 太平洋の島のモデルになるか ……………………………126

付章 日本で活動するグマ グマ・ファマグウン・タノ・ザニ・タシの挑戦
- 1. Guma' Famagu'on Tano' yan i Tasi の歩み ………………131
- 2. 博物館企画展示「南の楽園マリアナ諸島の真実」………141
- 3. グマのつながり ……………………………………………148
- 4. グアムのアーティストと …………………………………154
- 5. グマに集まる仲間を育てる ………………………………159

引用文献 …………………………………………………………165
おわりに …………………………………………………………167

CONTENTS

The Paleo Pattern of Guma' Famagu'on Tano' yan i Tasi 3
Maps 4
Preface 7

1. CHamoru Dance as a "Re-created Tradition"
1.1. "CHamoru Dance" Didn't Exist 17
1.2. The Challenge of Master Frank B. Rabon 23
1.3. Raising Up Successors 36

2. Spread through Education
2.1. Introduction of CHamoru Dance to the School Curriculum 42
2.2. CHamoru Dance Classes in Middle and High Schools 47
2.3. The Spread through Community Education 54

3. Costumes, Props and Musical Instruments
3.1. Costumes that Show the History 60
3.2. Props Made by Hand 68
3.3. Musical Instruments for CHamoru Dance 76

4. Awakening of the CHamoru Identity
4.1. Under the Multiculturalization/Diversity in Guam 80
4.2. Cultivation of Passion for the CHamoru Language
     through Cover Songs 83
4.3. The Hardships of Leaders who Organize CHamoru Dancers 86

5. Spread to the Mariana Islands and the US Mainland
  5.1. The CHamoru Dance in Northern Marianas ··········· 89
  5.2. The CHamoru Dance in the US Mainland ············· 93

6. Festival of Pacific Arts in Guam and CHamoru Dance
  6.1. Stimulation of CHamoru Culture by FestPac ············· 98
  6.2. "Re-created Traditional CHamoru Dance" Completion ········· 101

7. CHamoru Dance and the Tourism Industry
  7.1. Cooperation with the Guam Visitors Bureau ············· 108
  7.2. The Spread in Japan ················ 112

8. Will a "Re-created Tradition" Take Roots?
  8.1. A Discussion on *Sinahi* ················ 117
  8.2. Diversity in CHamoru Dance ················ 122
  8.3. Potential Role for the Pacific Islands ················ 126

Additional Chapter—A Japanese *Guma*'s Challenge
  1. The Journey of Guma' Famagu'on Tano' yan i Tasi ············· 131
  2. A Museum Exhibition: The Truth of the Mariana Islands ········· 141
  3. The Network among *Guma*s ················ 148
  4. Cooperation with Local Artists ················ 154
  5. Making Comrades ················ 159

References ················ 165
Postscript/Acknowledgements ················ 167

チャモロ語曲もくじ
CHAMORU SONGS

Chamoru Yu'—I Estoria i Mensahi Ginen i Maga'haga
　……… (私はチャモロ —— マガハガからの物語とメッセージ) ……… 22
Chinaflek Korason ……………………… (傷ついた心) ……………… 34
Marianas, Marianas …………………… (マリアナス、マリアナス) …… 35
Fu'una yan Puntan …………………… (フウナとプンタン) …………… 45
Famagu'on Guahan …………………… (グアムの子どもたち) ………… 46
Fanohge CHamoru ……………………… (グアム賛歌) …………………… 51
Tulete' ………………………………… (生命の船) ……………………… 55
Mandanna ……………………………… (集まる) ………………………… 57
Kotturå-ta ……………………………… (私たちの文化) ………………… 58
O'Asaina ……………………………… (先祖／神よ) …………………… 59
Inifresi ………………………………… (贈り物) ………………………… 73
Ya Ni Hayi U Kuentos ………………… (誰がなんと言おうと) ………… 84
Nobia Neni …………………………… (愛する可愛い女(ひと)) …………… 85
Mariånas ……………………………… (マリアナ諸島) ………………… 90
Fino CHamoru ………………………… (チャモロ語を話そう) ………… 92
Chaife' Anten Måmi ………………… (チャイフィ、我らの魂(スピリット)) … 107
Håyi Hami …………………………… (我々は何者か) ………………… 116
I Tano'-ta Guahan …………………… (グアムの地) …………………… 121
Guinahan i Tano' …………………… (大地からの贈り物) …………… 130
I Famagu'on Tano' Yan i Tasi ……… (大地と海の子どもたち) ……… 140
Takulo' i Taotao-ta ………………… (人々を呼ぼう) ………………… 153
Kumahulo' i Latte …………………… (ラッテを掲げよう) …………… 162
Hinanao Galaide' …………………… (航海するカヌー) ……………… 163

凡　例
・特記なき限り、掲載写真は著者または著者が主宰する団体が撮影したものである。
・邦訳が刊行されていない外国文献・資料および外国語による談話の引用箇所は、著者が訳出したものである。

1. 創られた伝統としてのチャモロダンス

1.1. チャモロダンスはなかった

　「チャモロダンス」——この言葉から多くの人は一種のダンスであることを想像するだろう。しかし、次にわく疑問が「チャモロ」である。チャモロとは何か。チャモロとは、太平洋の西の端、ミクロネシアにあるマリアナ諸島の先住民族である。その人びとの踊りが「チャモロダンス」である。このチャモロダンスの歴史をたどると、大航海時代にさかのぼる大国の進出による植民地主義に巻き込まれた太平洋の島々の過酷な歴史を垣間見ることができる。現在日本では、「グローバル人材」という言葉が政府主導によって広がり、「グローバル化した社会を生きる人びと」は「かっこいい」人びとのような捉え方がある。しかし、意図せずグローバル化の波に飲み込まれた太平洋の島の人びとは、かっこいいどころか過酷な生き方を余儀なくされてきた。マリアナ諸島のチャモロの人びとも同様である。

　チャモロダンスの歴史を紐解く前に、まず、マリアナ諸島の歴史を概観したい。マリアナ諸島は島の形成過程や歴史・文化的にみて、チャモロの人びとが生きてきた一連の「まとまり」であった。マリアナ諸島に人びとが定住したのは紀元前2500年頃と推定され、紀元前1700年頃の陶器の破片がサイパンのアチュガオで発見されている。ラッテストーンが出現するまでが先

▲ホテル Nikko Guam 敷地にあるラッテストーン。移築・復元されたもの。

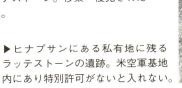

▶ヒナプサンにある私有地に残るラッテストーンの遺跡。米空軍基地内にあり特別許可がないと入れない。

ラッテ期と呼ばれ、平たい器だけでなく、高く薄いポットや水瓶が日常的に使用されるようになっていた。そして人口増と社会階層の発達によって住居形態に変化が現れ、9世紀にラッテストーンが出現した。ラッテストーンは、ハリギと呼ばれる四角柱とタサと呼ばれる半球状の戴石からなり、2対が平行に並ぶ。半球状になっている理由としてネズミ防止があげられている。6～14個のラッテストーンが配置されることが多く、1～2mの高さのものが多いが、中には4m以上のものもある。このラッテストーンは家屋の土台であったとする説が現在では有力である。各村にラッテハウスがいくつかあり、チーフと呼ばれる主導者やリーダー的存在である家族の家、独身男性の集団生活寮、集会所として使われていた。このラッテストーンを用いたチャモロ文化がマリアナ諸島に広がっていた。現在も遺跡や保存公園などで見ることができ、チャモロ文化のシンボルとなり、チャモロの人びとに愛されている。ラッテストーンは9～15世紀に造られ、この時期はラッテ期と呼ばれる。

しかし、植民地支配の歴史によってマリアナ諸島はグアムとそれ以北の島に分断されることとなった。まず、1565年にスペインがマリアナ諸島の領有を宣言して以来、333年間にわたるスペインによる統治が続き、この間、チャ

モロの殺戮やグアムへの強制移住などが行われた。そして、1898年のスペイン・アメリカ戦争の結果、グアムとフィリピンがアメリカ領となり、グアムを除くロタ以北のマリアナ諸島はドイツに売却された。このとき、グアムと北マリアナ諸島の「分断」が起ったのである。島の住人による内発的な分断ではなく、あくまでも外発的なものであった。

　北マリアナ諸島は15年間にわたりドイツによって統治された。第一次世界大戦（1914～1918）終結後、日本の委任統治が決定した。ここから約30年にわたって日本が委任統治をし、製糖産業、ココヤシの木を栽培して油をとるコプラ産業を展開した。グアムとロタは天気のよい日には目視できるほどの距離でありながら、グアムはアメリカによる統治、ロタ以北のマリアナの島々は日本統治というまったく異なる歩みをした。グアムと北マリアナ諸島の分断は、列強による覇権争いによるもので、島の住民の都合はまったく考慮されなかった。この分断は家族をも引き裂き、戦後のそれぞれの島の歩みにも大きく影響することとなった。スペイン統治後の110年の間に、統治国家が3回も変わるという経験をした結果、現在マリアナ諸島は、自決権を回復する政治的闘争をするべきなのか、アメリカ連邦政府への追従をすべきなのか、意見は分かれている。

　北マリアナ諸島は、日本の委任統治領からアメリカの信託統治領を経て、1978年にアメリカのコモンウェルス、Commonwealth of the Northern Mariana Islands（CNMIと略される）となった。

　グアムはアメリカの準州と呼ばれることがあるが、正しくは「未編入領土」という位置づけのアメリカ統治下にある。人びとはアメリカ市民権を有するが、大統領選挙への投票権はない。1950年に制定された「グアム基本法」（Organic Act of Guam）によって主権に制限を受け、「アメリカ合衆国自治的・未編入領域」（Organized Unincorporated Territory）という政治的地位となった。アメリカ連邦政府とは独立した自治政治機能を持つグアム政府が存在しているが、米軍の太平洋戦略上、重要な基地の一つとしてグアムは位置づけられ、連邦政府はグアムを手放すつもりは毛頭ない。1970年には島民の選挙により知事が選出され、72年以降、投票権のない代表をアメリカ議会

に派遣している。政財界でアメリカ本土との結びつきが強くなり、アメリカ化が進んできた。

　このような歴史的背景を持つマリアナ諸島でチャモロの人びとは生き抜いてきた。現在、チャモロの人びとは、グアム、サイパン、ロタ、ティニアン島を中心に生活している。

　さて、「チャモロダンス」はこうした歴史的背景の中でどのように継承されてきたのだろうか。「チャモロダンスはグアムの伝統文化を代表する踊り」とグアム政府観光局日本語ページに記載されている。これは、妥当であるとも妥当でないとも言える。間違いなくチャモロを代表する踊りである。しかし「伝統文化」という用語については、当てはまるとも当てはまらないとも言える。

　「伝統文化」とは何か。一般に「伝統」とは、「言動や思考、習慣、技術など、特定の集団や社会において昔から受け継がれてきたもの、と考えられている。しかし、伝統とされているものの多くは、実は最近、人工的に創り出されたものであるとも言える。文化人類学者であるホブズボウム（1983）は、伝統はナショナリズム、民族国家、国民の象徴、および歴史その他に深く関わって『創られる』ことを指摘し、その後の研究に大きな影響を与えた。一方、『文化』は変化するものであり、革新されるわけではなく、また意図的に創られるものでもない。伝統よりも文化の方がはるかに広い概念であると考えられている。しかし、両者は重なり合うところがきわめて多い概念であることも事実である」（中山 2012a: 44）。

　チャモロダンスは、まさにこの説明に当てはまる。チャモロダンスで表現されるものの多くは、言動や思考、習慣などチャモロ社会において昔から受け継がれてきたものを表現しようとしている。そして、現在、チャモロダンスは、グアムのチャモロの人びとに文化として広く受け入れられ、祭りやイベント、セレモニーにおいて披露され、楽しまれている。

　しかし、「チャモロダンス」は、実は「昔から受け継がれてきたもの」でも「伝統」でもなかったのである。それは先に述べたマリアナ諸島がたどった歴史によるものである。スペインはチャモロ文化を破壊した。現在のチャモロ

1. 創られた伝統としてのチャモロダンス

語の単語は7〜8割がスペイン語に由来する単語に置き換わっているという。自然崇拝もキリスト教に変わり生活様式が変わった。カヌーによる渡航も禁じられ海洋文化の多くが失われ、海や魚、航海技術に関するチャモロ語は消失した。女性を中心とする母系社会の考え方も大きく変わった。かろうじて残ったチャモロの文化的生活実践や身体表現（歌や踊り）も、第二次世界大戦後のアメリカ化の推進によって消滅した。戦後の子どもたちは、チャモロ語しか話せないことは恥ずかしいことで、英語を習得することが成功への切符であるとした価値観のもとで育てられ、チャモロらしい振る舞いよりもアメリカ人らしい振る舞いを見習った。スペインによる支配によって衰退したチャモロ文化は、戦後のアメリカ化において一気に社会の表から消えたかのようになった。完全に文化的虐殺（cultural genocide）の状態となっていた。

　つまり、「チャモロダンス」という概念も、そう呼ばれるものも存在しなかったのである。高齢の人びとは、「チャモロダンス？　そんなもの子どものときにはなかったわよ。いつからかねえ。たくさんの人が踊っているわねえ」「チャモロ語の歌に合わせて踊るのかい？」「私の孫が習っているよ」と言う。

　ホブズボウムは、『創られた伝統』の中で「『伝統』とは長い年月を経たものと思われ、そう言われているものであるが、その実往々にしてごく最近成立したり、また時には捏造されたりしたものもある」（ホブズボウム 1992: 9）とし、また、「『創り出された伝統』という語は広範に用いられてはいるが、かといって不正確に用いられているわけではない。意味するところは、一つには実際に創り出され、構築され、形式的に制度化された『伝統』であり、さらには容易にさかのぼることはできないが、日付を特定できるほどの――おそらく数年間――に生まれ、急速に確立された『伝統』を指す」（ホブズボウム 1992: 9–10）とする。高齢の人びとが「昔はなかった」というチャモロダンスは、現在、確かに存在している。地域行事にも、学校教育カリキュラムにも、ツーリズムの世界にも、まるで昔からあったかのように、チャモロダンスはグアムの「伝統」のように存在している。つまり、チャモロダンスは「創られた伝統」と言えよう。

Chamoru Yu' —I Estoria i Mensahi Ginen i Maga'haga
（私はチャモロ ── マガハガからの物語とメッセージ）

Frank Rabon

1. I kostumbre ta pa'go, ni tahokka ginen sanhiyong
   I hinalom sanhiyong, mo'na halom i tinulaika
   Hasso' taotaota ekungok famagu'on i estoriata estorian i taotaota
2. Lao ayo na tiempo, annai ma gingu ni i taotao-ta, i tano-niha, yan familian-niha
   Ma usa i galaide', ya ma choma i pasifiku
   Mali'e' este i islas, ni' ma fana'an Marianas
3. Ti bai-hu maleffa, ti bai-hu maleffa.
   Hu sangan este, sa hu hongge, na Chamoru yu'
   Estei haga-hu, sa Chamoru yu', Ya bai-hu hasso', todu i malingu guinaha-ta

1. 私たちの島に入ってきた西洋の影響が伝統的な価値を壊してしまった。人びとよ、子どもたちよ、私たちの物語を聞きなさい、私たちの物語を。
2. 先祖の土地を去り、家族と離れるときの昔の話。今マリアナ諸島として知られるこの島を彼らが発見するまで、カヌーで太平洋を勇敢に渡っていたことを私は忘れない。
3. 私は忘れない。チャモロであることを強く信じている。これは私の血の財産。私はチャモロ。私たちが失ったものごとを決して忘れない。

チャモロの社会は母系社会で、女性リーダー（マガハガ）の存在は大きかった。西洋文明が入り込む前の時代に想いを馳せた曲。

1.2. フランシスコ・B・ラボン氏の挑戦

　チャモロダンスの歴史を紐解いてみたい。スペイン、アメリカ、日本、アメリカの統治を経て、チャモロ文化は大きく変化した。特に戦後のアメリカ化政策において、チャモロ語を話すことをはじめとし、チャモロの伝統的な習慣も影を潜めた。1970年頃、「伝統的なチャモロダンス」なるものはなかった。

　チャモロダンスを語る上で欠かせない人物がいる。外出するときは花がたくさん飾られているパンダナスの葉で編んだ帽子を常にかぶり、長い髪を結い、パレオと呼ばれる一枚布を下半身に巻いている。長身ですらっとし、ヨーロッパ系の人に近い風貌をしているチャモロの彼

チャモロダンスの再創造に挑戦し続けるフランシスコ・B・ラボン氏。2014年、帝京大学にて。

は独特のオーラを放っている。この人物の名前をフランシスコ・B・ラボン (Rabon, Francisco B.) 氏という。ラボン氏の母方の祖母はフィリピンからグアムに移住してきた。ラボン氏は1954年に生まれ、5歳のときに母親を亡くし、父親とその家族によって育てられた。野菜を育てること、多様な方法で魚を獲ること、ヤシの木とココナッツを活用すること、家畜を育てることなど、自給自足を子どもの頃に学んだ。高校生の頃はバレーボール選手として活躍した時期もあった。

　ラボン氏はチャモロ語やチャモロの習慣に囲まれて育った。しかしフィエスタや祝い事の場における人びとの歌や踊りは、スペインから入ってきたワルツや、チャチャなどの現代アメリカに影響されているものばかりであった。1970年にハワイから来たフラの指導者のもとでフラを習い、太平洋先住民の文化舞踊に触発され、1971年からチャモロの歴史を調べ始めた。1972年にグアムのジョン・F・ケネディ高校を卒業し、グアムのヒルトンホテルでフラのショーに出演しながら太平洋先住民のダンスの相違に関心を深めた。同

時に、チャモロの舞踊への渇望感を感じ、その答えを求めて本を読みあさり、人びとに訊ねて回った。その後、グアム大学、サンマテオ・コミュニティカレッジ（カリフォルニア）、シアトル・コミュニティカレッジ、ワシントン州立大学で、心理学、社会学を学ぶ傍ら先住民舞踊を学んだ。アジアや太平洋島嶼の踊りを観察して相違点を探した。こうした時間を経て、「チャモロのものに最も近いもの」を見いだしていった。そして、1983年にグアムに戻った。

当時グアムは観光産業が急成長し、ポリネシアンダンスショーが花盛りであった。まだこの頃「チャモロダンス」の存在はなかった。そこで、ラボン氏はダンスグループ、Taotao Tano Cultural Group を結成した。高齢者への聞き取り、島の各村に残るわずかな舞踊表現の名残の蓄積、近隣の島の舞踊スタイルの研究など、チャモロが他の文化の影響を受ける以前の状態に可能な限り近い舞踊を構成するために知識と経験を総動員した。もはや真正で他文化の影響を受ける以前の舞踊を再現することはできないが、残された資料や情報から再創造に取り組んでいることを自負していた。

1984年、グアムの政治家カルロス・タイタノと出会った。タイタノは4年に一度開催される太平洋芸術祭にグアム代表として誰を送ったらよいか考えあぐねていた。当時、戦後のアメリカ統治によってアメリカ化されていたグアムから、チャモロの伝統文化として示せるものは何もなかったに等しかったという。当時の参加者は、ポップソング歌手などが「グアムらしい」歌を歌ったが、他の島のパフォーマンスや、文化に対する誇りや主張を見て恥ずかしくなったという。そこで、タイタノはラボン氏に声をかけたのである。ラボン氏は1985年にタヒチで開催された太平洋芸術祭のグアム代表団の演出およびパフォーマンスの振り付けをすることになった。ラボン氏はチャモロダンスの再創造への挑戦の背景を以下のように述べている。

> タオタオタノ（Taotao Tano ＝土地の人の意）は、東南アジアや太平洋に分布するオーストロネシア語系民族の子孫であり、4000年以上にわたってマリアナ諸島に暮らしてきた人びとです。「タオタオタノ」はマリアナ諸島として知られている連なる島々に活気溢れる社会を築いた人びとを

示す先住民の言葉です。マリアナ諸島の人びとは一般的に「チャモロ」として知られ、タオタオタノの豊かな歴史に影響を与えてきたすべてのものを包含しているのです。初期のオーストロネシア語系民族による豊かな文化社会が繁栄していたものの、1521年にマジェランが上陸し、最初の西洋との接触が起こりました。この接触はタオタオタノ社会に様々な変化をもたらしたのです。西洋と接触する以前にあった先住民舞踊の形式にも変化が起こりました。グアム図書館やミクロネシア地域調査センターにあるわずかな写真から、西洋との接触以前の先住民舞踊の片鱗を見ることができます。長年かけて調査を行い、先住民の舞踊に関する文献資料を読んでわかったことは、植民地支配者や訪問者はチャモロ文化の様相について明らかな記録を残してこなかったということでした。先住民舞踊形式を含む伝統について、チャモロ社会が口承してきたことは広く知られています。チャモロの人びとは伝統について文字で記録していなかったので、多くの伝統が消滅し、もしくは社会全体に影響したものに適応していったのです。適応しながらも伝統的なものは、正に今日まで進化したり、生き残ったりしてきたのです。そうした伝統の一つであるチャント（詠唱）は、宗教的な祝いとスペインのカソリック宣教師によって導入された祈りにルーツを見ることができます。

　先住民舞踊の形式は消滅し、再度つなぎ合わせることで舞踊形式を再構築、再創成、再設立する必要がありました。他の太平洋島民の間で認識されるような祖先の踊りにつながる先住民舞踊形式をチャモロの人びとが持っていなかったことは皮肉なことでした。私が先住民舞踊形式を再度創るという課題に取り組むことを決意したとき、それは計り知れない挑戦であり、私が出会った困難であることを実感しました。1983年に Taotao Tano Cultural Dancers を結成し、多くの若者がチャモロの先住民舞踊形式を再構築することへの挑戦を始めたのです。

（Rabon 2007: 5）

ここから、本格的にラボン氏による「チャモロダンス」の再創造への挑戦

が始まった。ラボン氏は研究し続けた。

　イエズス会の1669〜1670年報にチャモロの舞踊に関する記録がある。「12〜13人の女性がリズムを取りながら身体を揺すり、右手には半月型をしたものの束を持ち、左手には貝の箱を持って鳴らしながらリズムを取っている。テノールの男性のリードによる裏声も用いたハーモニーの歌とともに踊っていた」という。服装も記録されており、香りがよい花を額に飾り、スポンデュルス貝（和名ウミギク貝）と思われる赤い貝やべっ甲を飾り、腰回りに高価そうな貝を飾り、木の根で作った紐に形の良い小さなココナツをぶら下げ、覆っている部分より皮膚がたくさん見える鳥かごのようなスカートであったようだ（Flores, "Chamorro Dance", in Guampedia）。

　1819年のフランス人探検家 Louis Claude de Freycinet の記述によると、すでにスペインの影響を受けていたことがわかる。彼が踊りを見たいとリクエストしたところ、踊りは盛大な宴のときに、男女が輪になって踊り、輪の中央には賞賛される人が立つ、と説明されたようだ。彼は、メキシコから持ち込まれた「モンテスマの踊り」をもとにしたスペイン人の役人による祝いについて記録している。ダンサーはカラフルで絹やサテンのような衣装を身にまとい、子どもたちにはソンブレロの帽子を被らせて、男の子が女の子を追いかけて最後には女の子が頬にキスをすることを許す踊りを見せたという（Flores, "Chamorro Dance", in Guampedia）。

　高齢者への聞き取りによると、1900年代初頭に、バツ（batsu）と呼ばれるスパニッシュワルツのステップと、ヨーロッパのポルカのような足の動きをするソティス（so'tis）があった。マリアナ諸島でもサイパンやティニアンにはドイツ人やオランダ人が定住し、彼らが持ち込んだポルカのステップがチャモロ文化にも入り込んできた。「ホフシュナイザー」など、ファミリーネームにドイツ系の名前が今でも残るなど、影響を大きく与えた。そこでラボン氏は、そうした影響を受けた踊りも、チャモロの生活実践にあるものとして、「チャモロダンス」として取り入れた。半分に割ったココナツの殻を両手に持って打ちながら、3拍子のリズムを刻みながら踊る「ココナツシェルの踊り」（バイラン・ハイグアス、bailan ha'iguas）や、両手に腕程度の長さの

1. 創られた伝統としてのチャモロダンス

スティック（パリトゥ）を持ち、踊り手同士がスティックを打ちながらリズムを刻んで踊るスティックダンス（バイラン・パリトゥ、bailan pailitu）はフィリピンに由来する。

ラボン氏は、「最もチャモロらしいダンス」の追究をダンスグループ Taotao Tano で行った。その中で、「古式チャモロダンスの再創造」（re-create ancient Chamorro dance）を試みた。グアムでは ancient という英語表現が使われているが、日本語では一般的に「古代の」と訳される。日本語の「古代」の時代イメージと、グアムでいう ancient のスペイン人到来前のラッテ期は大きく異なる。ラッテ期は日本の平安、鎌倉、室町時代である。日本語では「古式」程度の訳が適切であろう。

ウリタオと呼ばれる若い男性の踊り「ウリタオの踊り」（バイラン・ウリタオ、bailan uritao）は、戦士に関する歴史記述をもとに作った。ダンサーは、トゥナスと呼ばれる長い棒を持ち、飛び跳ねたり、叫んだり、棒を打ち合ったりして、戦士の力強さを表現している。ペアになって棒を打ち合うリズムは、ラッテストーンの上にラッテハウスを建築する様子を表している。ウリタオの踊りの最後に斜めに高く棒を持ち上げて相手と先端を重ね

リズムに合わせて打つココナツの殻の響きがいい。2016 年、ゲフパゴ文化村にて。

パリトゥを持って陽気に踊る。2015 年、ゲフパゴ文化村にて。

パリトゥを使って躍動感溢れるパフォーマンス。グアム・ミクロネシア・アイランド・フェア 2018 にて。

ウリタオの踊り。2016年、ゲフパゴ文化村にて。

ウリタオの踊りの練習。2015年、バリガダコミュニティセンターにて。

ウリタオの踊りの最後に家を作り、女性が家で生命の踊りを踊る。2018年、帝京大学にて。

るのは、屋根の先端を型どっている。

　ウリタオの踊りに続き、女性ダンサーによる「生命の踊り」（バイラン・リナラ、bailan lina'la'）が続く。これは家の中で女性が料理をしたり、生命を育てたりすることを象徴している。リナラと呼ぶ動きは、人間には必ず誕生と死があり、女性は子どもを産み、その子はいつか死を迎え、またその子が産んだ子どもが……、と生命が続くことを回転しながら動作で表している。転生輪廻である。カカと呼ばれる女性の基本の動きは、チャモロ語でカカ（kahkak）と呼ばれる鳥（サンカノゴイ）が地面を歩くときに尻尾がゆらゆら揺れる様子

1. 創られた伝統としてのチャモロダンス

Guma' Nina'en Åcho' Latte のパフォーマンス。Rudolph C. Rivera II, Taiche' 提供。

髪の踊り。2017年、2018年、帝京大学にて。

を腰を振りながら表している。女性がカカの動きをしている間、男性はトゥナスを大きく動かしながらエネルギー溢れる様子を表現して踊っている。

　女性による「髪の踊り」（バイラン・ガプトゥル、bailan gapotlu）は、ラボン氏が子どもの頃、祖母が健康的な美しく長い髪を洗うときに大きく髪を振っていた光景が印象的で、それをもとに作られたという。昔、現在のパゴ湾に大きなうなぎが現れてグアムの島にかじりついたことがあり、そのうなぎ退治に男性が向かったが歯が立たなかったため、女性が長い黒い髪を切って編み、強い大きな網を作ってうなぎを追い込んだところ、うなぎを追い出すこ

とに成功したという物語がある。「髪の踊り」は、髪を通してチャモロの女性が大事にしてきたもの、女性の美しさ、強さを表現している。

米の踊り。2017年、帝京大学にて。

人類の移動をさかのぼると、チャモロは台湾周辺を起源として広がっていったオーストロネシア語系民族に属することが言語学研究によって示されている。植物学や考古学など、学際的な研究からも明らかにされている。ラボン氏は、オーストロネシア語系民族が米を食べる共通の文化を持つことに着目し、「米の踊り」（バイラン・ファイ、bailan fa'i）を創作した。汚れをとり、脱穀するなどの動作が表現されている。ラボン氏は、チャモロの人びとの生活に関わる動植物や人間の動きを観察し、ダンスの身体表現として動きを考え、それらを著書（Rabon 2007）にまとめた。

　外国の影響を受ける前のチャモロダンスに関する文献が少ないことから、外国文化接触以前の時代の動きを再創造しなければならなかった。太平洋の島々やアジアなどを何度も旅して、比較しつなぎ合わせ、取り入れ、ついに私たちの過去を再創造した。人類の移動はすべてつながっている。単に他の文化を侵略したり犯したりしたとは思っていない。この資料をチャモロダンスのバイブルとして読者が眺めないでほしいと切に願う。次世代にむけてダンスを創造したり提供したりする資料として他の人が用いるために基礎を整えたにすぎない。私が書いて発展させた資料を他の人が活用してほしいと心から願う。

(Rabon 2007: 9)

ダンスグループ Taotao Tano は18年たって、文化の継承をし、チャモロ文化を代表するものとして認められるようになり、ラボン氏は「チャモロ

舞踊マスター」の称号を受けた。マスターとは、Guam CAHA と呼ばれるグアム芸術人文会議（The Guam Council on the Arts and Humanities Agency）が各領域で優れた人物に贈る称号である*。1999年に北マリアナ諸島の舞踊グループも含めて結成されたパアタオタオタノ（Pa'a Taotao Tano）は、2000年に行われたグアム基本法50周年の記念行事、オリンピックトーチ行事、太平洋芸術祭などの行事で活躍するようになり、成長を続けている。今やチャモロダンスの代名詞ともなったラボン氏と傘下のダンスグループはいつのまにか「伝統的（traditional）チャモロダンスを担う人びと」と認識されるようになった。

　ラボン氏は若い頃は辛い思いもしたという。「ない」ものを身体表現として「創る」ことに関して批判的だった人びとの中には、ラボン氏を「頭がおかしい」「ドラッグをやっている」「学術的でないから価値がない」と否定した人もいて、傷つき悲しかったことを吐露する。「当時、自分を批判、無視した学者たちが、今では学生を自分のところに送ってインタビューをさせ、研究させている。そして学者たちが自分にチャモロダンスのマスターを付与し、グアム大学はミクロネシア文化研究の名誉博士号を付与した。今や自分は博士だ。しかし自分は学問の世界の人間ではない。証拠や文献のあるなしで物事を判断しない。チャモロとしての文化的実践を追究したいのだ」と言う。

　Pa'a Taotao Tano は助成金を受けて、大きな社会貢献プロジェクトを行ってきた。2008 〜 2010 年度にかけては、「グアムに貢献しよう！ 委員会」（Serve Guam! Commission）からの助成を受けて、AmeriCorps プログラムに参加し、ダンス、チャント、葉編みなどのプログラムを、1 年目に 8 つの村で、2 年目には 13 の村の村長や学校と連携して展開した。AmeriCorps とは、アメリカ政府の外郭団体 Corporation for National and Community Service が運営するプログラムで、「人びとを助け、地域社会における重要度の高いニーズに応える」ことで、メンバーは社会活動を通し働くことにより

＊　チャモロダンスの他、鍛冶、石鹸作り、ココナッツ葉編み、パンダナス薬草、彫刻、製塩、カヌー建造、ヤシガニ採り、語り部、漁師、ビリンバオトゥーザン演奏などのマスターが存在している。

イベントに参加して葉編みを教える AmeriCorps プロジェクト。2016 年。

AmeriCorps プロジェクトで葉編みを学ぶ。2015 年。

役に立つ仕事のスキルを得ながら大学等の費用を受け取り、社会の一員であることへの謝意を高めることができる。

2008 〜 2009 年には、文化芸術実践をする若者へのアルコールやタバコがもたらす害を教えるプログラムに助成金を得て参加した。また、2009 〜 2010 年には Administration for Native Americans (ANA) からチャモロ語使用に関する 6000 戸の調査活動の助成を受けデーターを集めた。そして、"Ginen i Kanta yan Tinaitai, Ta Na' Metgot i Fino' Chamorro: Chamorro Language through Chants/Prayers, and Songs (CLCS) Project"（チャント、祈り、歌を通したチャモロ語プロジェクト）に取り組み、チャモロ語の歌の収集、記録、録音、採譜を行った。

聞き取りを行う Pa'a Taotao Tano のミュージシャン Vince San Nicolas（手前右）。

ラボン氏は、2015 年 8 月から 2018 年 6 月にかけて、チャモロに伝わる応答唱歌「カンタンチャモリータ」を記録・録音して後世に残すための "Na Lala I Kantan Chamorrita Para I Probechu'n I Lenguahi" プロジェクトのリーダーとして活動している。これはグアムの文化と芸術を牽引するリーダーたちが集まって組織した Para I Probechu'n I Taotao-ta Inc という NPO 団体が 26 万

1. 創られた伝統としてのチャモダンス

7000ドルの助成をFederal Agency's Administration for Children and FamiliesとANAからから受けて展開している。カンタンチャモリータを子どもの頃に耳にしていて、唱え歌うことができる高齢者は数人であった。高齢者からの聞き取り、再現、公開、録音のプロセスを繰り返し行い、カンタンチャモリータへの人びとの関心を呼ぶことに成功している。こうしたプロジェクト推進にかかる助成金獲得のためには、申請書類作成から助成金管理までのラボン氏の多くの労力がある。それでも地域行政や学校と連携してチャモダンスを軸とした文化実践を普及させる社会活動を展開しながら、チャモダンスを学ぶ若者が学費を得ることができるというプログラムを活用し、社会に位置づくチャモダンス活動と若者支援を実現させている。また、チャモダンスの再創造に加え、家庭のチャモ語使用調査や、チャモ語音楽の記録といった研究的活動も行うなど、チャモ文化実践の定着と社会貢献、そして次世代の若者の育成に成功している。

現在でも「今のチャモダンスは本来のチャモダンスではない」「あれはラボン氏が創ったもので昔からあった本物ではない」「真正さに欠ける」と批判する人もわずかながらいる。しかしどこにも「本来」「本物」「真正」はないのである。批判に対して、ラボン氏は一切否定しない。自分が再創造したものであることを語り、若い世代にダンスという身体表現を通してチャモ言語を学び、社会貢献を教え、チャモのアイデンティティを高め、チャモであることを求め続けている。「マリアナ諸島は植民地主義によって外からの血が流れ込み、自分の家族も影響を受けた。しかし、生活における実践がチャモの証であり、自分はチャモのコミュニティの一部であった。現代、外国の影響を受けない国や地域はないだろう。しかし、そこにあるもの、文化と感じるものが、その国、その文化の一部であり続けている」と語る。

1970年代にはほとんど形をなしていなかったチャモダンスが、今やグアムのダンスとしてラボン氏率いる舞踊集団によって普及している。約30年をかけて、エリック・ホブズボウムが言うところの「創られた伝統」が「伝統」となろうとしている。

Chinaflek Korason
（傷ついた心）

Rudy Sablan, Essie Sablan, Frank Rabon, 1989

1. Este kannai mami, Ni'bumiba hamyu, Sumetbi hamyu umayuda hamyu Gi binisitan miyu
2. Antes i mapagajes mampos asut yan trangkilo i tasi abudansia yan machuchuda' guihan
3. Antes i matan Taotao, mampos man magof, mampos man mamgof yan chatgon
4. Antes sesso ta hunngok, kantan i lalahi, i chatgon famalao'an, yan i mames chalek i famagu'on
5. Antes paopao i aire, ginen i flores siha, yan i mames paopao neni,
6. I gapotulun i famalao'an ni' man gresko ginen i lalangka yan i lanan niyok
7. En baba kurason mami, para ineksepta, hamyo halom gi tano'mami
8. Man piniti ham pago, sa ti inrespeta, ya ti inagradesi, i kostombre yan lina'la mami

1. 私たちの手、それはあなたが来たとき、お迎えし、お仕えし、助けた。
2. 昔、空は青く澄んでいた。海は豊かで魚であふれていた。
3. 昔、人びとの目は生き生きとしていて幸せだった。
4. 昔、男性の声、女性の親しみやすさ、子どもたちのかわいい笑い声を聞いたものだった。
5. 昔、空気は、可愛らしい女性や花からの甘い香りで満ちていた。
6. 昔、女性の髪は、オレンジとココナツオイルの香りに満ちていた。
7. 私たちは心を開き、あなたたちが土地に入ることを受け入れた。
8. 今私たちは、あなたたちが尊敬せず私たちの習慣や生き方を認めなかったから傷ついている。

元グアム知事ルディ・サブランと娘エシーと Taotao Tano の
メンバーによって作られた。西洋による支配の名残りに苦しみ
続けていることを歌っている。

Marianas, Marianas
（マリアナス、マリアナス）

Frank Rabon

★ Marianas, Marianas mangge i taotao mu? Marianas, Marianas satba kottu ramu
  Hasso' siha i man gatbo na tiempo, hasso' siha i taihinekok lina'la'
  Mungnga ma le ffa' i Maga'haga' yan Matua mungnga malef fa'nu i tao tao mu
1 Famagu'on Marianas ba ba matan mi yu na metgot mo' na i chalan ta
  Mungnga ma sedi nau falingu i kot tura, kostumbre, lina'la' yan i lengguahi.
2 Este isla-ta uniko gi tano', sen bonitu uriya-na
  I sabanan Lamlam yan i saddok Manenggon i sengsong gi tano' na man la'la i Chamoru.
3 Halom gi tano' hungok i paluman Tattot, tife' i Frutas lina'la'
  Aligao i niyok ya un usa para sostansia, Este na trongko, trongkon lina'la'.
4 Este na tiningo' ma pasa ginen saina-ta Pa'go na tiempo ti parehu
  Bula na taotao man halom ginen lagu, ma Tulaika pa'go i kostumbren Chamoru.

★ マリアナ諸島、あなたたちがいるマリアナ諸島
  マリアナ諸島、マリアナ諸島はあなたの文化を守る
  この幸せな時を覚えておいて　生涯の遺産を覚えておいて
  あなたの男性のことも女性のことも忘れないで
  あなたの人びとのことを忘れないで
1 マリアナの子どもたちはあなたの目を開き、文化を守るために強くいる。
  文化、生活、伝統、言語を壊すような変化を許してはいけない。
2 美しい周りに囲まれた私たちの島は世界でも独特。素晴らしいラムラム山とマネンガン川　チャモロがたくさん　私たちの命、伝統、言語
3 ジャングルに入ってトットバードが鳴く珍しい声を聞く。果物をもいで、ココヤシの木をさがして、豊かに使う。その木は間違いなく生命の木。
4 伝統的な知識は先祖から受け継がれる。島外の影響をうけてチャモロの文化は急激に変わってしまった。

1.3. 後継者の育成

　チャモロダンスが急速に普及した背景にはいくつかの理由がある。その一つが、後継者が育っていることである。ラボン氏がグアム南部のイナラハン高校で教鞭をとっていたときにチャモロダンスを教えていた生徒が、その後チャモロダンスの指導者となり活躍している。チャモロ語 Guma（グマ）は「家」を意味するが、チャモロ文化の中では、目的を持って家族のように集まるグループの意味もある。グループを組織して「グマ」を名乗ることは誰にでもできるが、チャモロダンスを牽引している Pa'a Taotao Tano がグマとして認めるレベルでのグループは限られている。Pa'a Taotao Tano では、グマとして存在するためには、指導者のキャリアと人格、活動の継続性、共有する理念、集う人びとの誇りやチャモロ文化への深い理解などが重視され、またラボン氏が認めたファファナグエ（fafa'nague、指導者）たちの同意も必要である。

　Pa'a Taotao Tano のファファナグエになるためには長いプロセスが求められる。以下は Pa'a Taotao Tano によって示されているものである。

> Establishing Rites of Passage (Chalan Lina'la)
> (The positions of Cultural Practitioners)
> Songs, Chants, Dances, & Weaving/Crafting
> 歌、詠唱、踊り、工芸に関する
> 文化実践者の通過儀礼「チャランリナラ」
> （文化的実践者の階級）の設定
>
> 　私たちの文化と言語の保護、維持、教育の使命において、実践者としての階級を整理し、尊重することは重要である。
> 　通過儀礼、儀礼の重要性、文化的構造において階級があがることの価値が説明される。その構造は、Guma' Taotao Tano の場合、私たちの観点にもとづいて整えられた文化的実践者で構成される。切磋琢磨して

身につけ到達したものによって実践者は昇進する。特にこのシステムは、アメリカの影響を受けた社会において、伝統的な階級制度について考え直すことになる。文化的実践者の階級を五つの段階に設定する。

段階：
- Aplok（若いココナツ）：練習して学びたいと思って新しく入ってきた学び手
- Manha（青いココナツ）：スクールで最低2年は学んだ学び手
- Masan（よく熟した）：スクールで最低4年は学び、知識を強化し、教えることを望む学び手
- Faha（束ねるゴム）：スクールで最低6年は学び、教えることを望み、活動を通して社会を指導する学び手
- Fafa'nague（指導者／先生）：のれん分けして自分のグループを率いて使命を持った活動を通して組織を支える学び手
  ＊この説明は5段階をあくまでもシンプルに表現したもので早く進むこともある。

我々の足跡をたどる将来の仲間のために文化的実践者として皆が集まり、この伝統的通過儀礼をしなければならない。通過儀礼（chalan lina'la）の詳細な説明は、Guma' Taotao Tano の傘下に在籍するグループによって行われる。Chalan lina'la と呼ばれる通過儀礼では4要素がある。
- Ginasgas：文化的実践者として、文化的な知識を教えるために、自分自身を清めること
- Sustansia：文化的実践者として、強靭さを維持するために、自分自身を育てること
- Hinasu：文化的実践者として働き、内省すること
- Descansa：将来的に文化的実践者でありうるために、自身を休めること

［筆者補足：chalan＝道　lina'la＝生命、存在　Taotao Tano＝土地の人］

通過儀礼は、人生の節目で執り行われる儀礼であり、人間の成長に伴う人

生儀礼とも言える。1909年にアーノルド・ファン・ヘネップによってフランスで出版された『通過儀礼』は現在でも文化人類学の古典書である。その頃から通過儀礼に関する議論が続いている。儀礼には葬式のような分離儀礼、結婚式のような統合儀礼、立場が変わるような移行儀礼に整理することができ、通過儀礼はこの3番目である。太平洋の島々の通過儀礼の研究は多くある。ラボン氏が示したこの通過儀式は太平洋の島の通過儀礼に関する知見が反映されている。仮に、経験年数と技術の証明ならば、通常の証明書ですむ。しかし、ここに示された内容では、文化的実践者が集まり、そのもとで清める、育てる、内省する、休めるという4要素を行い、儀礼を行う。最も到達したポジションが指導者（ファファナグエ、fafa'nague）である。ファファナグエの合議を経て認められた者に対して通過儀礼を行うことにより、自他共に「ファファナグエであること」を認識し、共同体の中で認められた者としての尊敬を与えられる。

　ラボン氏の古い教え子たちがファファナグエとなり、現在グアムの各地域を拠点にチャモダンスのグマを作り、教師となって学校で教えたり、地域社会教育として教えたりしている。アイリーン・メノ（Eileen Meno）氏は島中部のジョージ・ワシントン高校を拠点にグマ・イレンシアン・タオタオ・タノ（Guma Irensian Taotao Tano'）を組織し、デイニャ・キム（Dana Kim）氏は島北部のデデドのコミュニティセンターを拠点にグマ・タオタオ・ラグ（Guma Taotao Lagu）を組織し、バーバラ・タイナトンゴ（Barbara Tainatongo）氏は島南東部のタロフォフォ小学校を拠点にグマ・アニテン・イ・タオタオタノ（Guma Aniten i Taotao Tano'）を組織し、マキシン・ビグラー（Maxine Bigler）氏もタイナトンゴ氏と共に活動しながらリオス中学校を拠点にグマ・キナラムテン・イ・タオタオタノ（Guma Kinalamuten i Taotao Tano'）を組織し、それぞれがチャモダンスを教えている。後にチャモダンスを学びにラボン氏に師事したブライアン・テラヒ（Brian Terlaje）氏はジョン・F・ケネディ高校で教える傍ら中部ジョニャのコミュニティセンターを拠点にグマ・ラサン・アチョ・ラッテ（Guma Rasan Acho Latte）を組織した。テラヒ氏のもとで学びラボン氏にも認められてきたレイモンド・ルーハン（Raymond Lujan）氏

1. 創られた伝統としてのチャモダンス

イナラハン高校の元生徒も大人になり、グマを率いて指導者になった。2015年、チャモダンス大会にて。

ファファナグエが集まり指導者の立場を離れてパフォーマンスを楽しむことがある。

はオーシャンビュー中学校を拠点にグマ・ニナエン・アチョ・ラッテ（Guma Nina'en Acho Latte）を組織し、ジョナサン・ペレツ（Jonathan Perez）氏はアストンボー中学校で教えながらグマ・イニナン・イ・サイナタ（Guma Ininan i Saina-ta）を組織し、チャモダンスの普及を担っている。他に、Zina Ruiz、Rose Aquiningoc Chai、Art Pagelinan氏らはグマを作らずに事務総務、工芸や衣装を担当するファファナグエとして活動している。特に、メノ氏は、ラボン氏に次いでチャモダンスの「マスター」の称号を受け、活躍をしている。その他にも、ラボン氏のもとでチャモダンスを学んだ教え子が指導者となり、またそこで学んだ次世代が指導者になり始めている。チャモダンスの定着には、こうした後継者や指導者の育成と、彼らが教職について公教育の中で教えたことが背景にあった。

ラボン氏は、生徒たちにダンスを通して、文化的意識を高めるとともに、心身の健康を保つことの重要性も教える。

踊りの世界では、文化的形式の踊り、解釈的形式の踊り、社会的形式の踊りの3種類の表現がある。これらの舞踊形式を見ると相違点がわかる。

文化的形式の踊りは、人びとの人種や社会のアイデンティティを含ん

でいる。それは、先住民のバックグラウンドや日常生活の要素など、その社会のライフスタイルを表現している。文化的な踊りは、彼らの表現力を高めるために、自然環境や誕生から死までの重要な流れを含み込んでいる。これらの踊りは、日々の習慣的行為・物語・伝統になり、文化の中で世代をこえて継承されてきた。

　解釈的形式の踊りは、ジャズやバレエなどオーケストラ音楽やリズムにあわせた動きで表現するものである。表現を通してストーリーを語り、感情を表し、振り付け師の創造性が脚光を浴びる。踊りは、伝統的である必要はなく、振り付け師によって作り出された複雑な身体の動きを含む。

　社会的形式の踊りは、社会的文脈の中で、楽しみや集会、運動のためにある踊りである。この舞踊形式は、必ずしも何かを描いたり、伝統的であったり、物語を伝えるものである必要はなく、流行を作り、世代がわかるものとなり、過去の時代とは区別できる。この舞踊形式はとても自由なもので、少なくともこの300年の間に広がった。文化的形式の踊りと解釈的形式の踊りは、後から生まれたこの社会的形式の踊りよりも長く存続している。

　私の見解では、舞踊形式の類似点として、どのような形式のパフォーマンスであれ、基礎的なステップの習得、練習、完成度を上げることが求められるということがある。観る者は常にパフォーマンスの間にいて、ほとんどの表現はいくつかの構成された形式にそって行われる。これらの三つの形式は学校や教育機関、社会の場で教えられ、より構成された表現となりつつある。強く、健康的な身体、高いエネルギーレベルが求められ、そしてなんら抑制は受けない。踊ることは一般的にストレスからのよい解放で、健康、筋肉、敏捷性の維持に役立ち、アスリートもこの方法を取り入れている。

（Rabon 2007: 7–8）

　ラボン氏のチャモロダンスとは異なるダンスを模索し、ラボン氏から離れ

て独自のダンス・教育活動を展開する者もいる。また、ラボン氏のチャモロダンスを批判しつつ一定の距離を置きながら活動するイリアティ（Leonard Iriarte）氏率いる、チャントを専門とする I Fanlalai'an（2006 年に Guma' Pålu Li'e から改名）がある。彼は 1976 年の第 2 回太平洋芸術祭に参加したことを契機に、グアムのチャントを研究するようになり、1998 年にチャントのグループを設立した。2004 年のパラオ、2008 年の米領サモアの芸術祭などでも代表として活躍している。イリアティ氏の活動については、長島怜央（2015: 144–146）に詳しい。ラボン氏の教え子は小学校から高校までの教育機関を中心にチャモロダンスを教えていることが特色であるが、一方、イリアティ氏はグアム大学と連携し、チャモロ文化やチャントに関する高等教育に携わり、組織的に活動を展開している。

2. 教育における広がり

2.1. チャモロダンスの学校教育への導入

　グアムには公立学校は現在40校（小学校27校、中学校8校、高等学校5校）ある。戦後のアメリカ化によって衰退したチャモロ語であったが、1990年代に英語とともに公用語として認められ、島の急速な多文化化によって失われつつあるチャモロ・アイデンティティの回復のためにチャモロ文化学習が重視されるようになった。

　グアム教育委員会では、チャモロ語とチャモロ文化学習を積極的に取り入れている。チャモロ学習および特別プロジェクト課は、公法14-53によってグアム教育委員会に要請されているチャモロ語維持プログラムの開発と、「チャモロ語および文化の復興と次世代への継承」を担っている。主な職責は、運営、スタッフ育成、カリキュラムと教材開発、教師教育と評価、地域教育の五つである。チャモロ学習局は1970年代からリーダーらによって少しずつ組織が成長し、チャモロ月間に行われるイベントへの協力も行っている。

　チャモロ学習は幼稚園から小学校3年生までは1日20分、4・5年生は1日30分、6〜8年生が通う中学校では45分、9〜12年生が通う高等学校では50分以上を1単位時間として、グアム史同様にチャモロ語と文化を教えることが規定されている。高校を卒業するためにはグアム史と1年間のチャモ

口語を履修しなければならない。チャモロ語と文化を教えるための標準として「内容標準および評価基準」(Content Standards & Performance Indicators) が体系的に示されている。

チャモロ先住民局調査出版普及課 (Division of Research, Publication and Training, Department of Chamorro Affairs) によって、これまでに教科書シリーズ Hale'-ta (ハレタ、わたしたちのルーツの意) が刊行されてきた。小学校用に『チャモロの伝統と価値』(1996)、『チャモロの歴史』(1993) が、中学校用に『戦争前後のグアムの統治』(1994)、『チャモロ史上の有名人　第1巻』(1995)、『チャモロ史上の有名人　第2巻』(1997)、『チャモロ史上の有名人　第3巻』(2002) が、高等学校以上用に『洞察——チャモロのアイデンティティ』(1993)、『グアムの政治的発展における出来事——チャモロの視点』(2002) が、一般向けに『チャモロの遺産——場所の感覚　真正チャモロ遺産のためのガイドライン、手順、推奨』(2003) などが出版されている。これらの教科書はグアム政府によって各学校に配付され、小学校中学年から高校で教科書として使用されてきた。教師用指導書も部分的に準備され、チャモロ学習での使用率は高かった。どの教科書も日本の教科書のイメージとは異なり、厚みのある読み物テキストとなっている。これらについては中山 (2012c: 302–306) に詳しい。後により易しく読みやすい本や書き込み式のワークブックが刊行され、刊行されてから時間が経ったこれらの教科書の使用率は下がっている。

その他、チャモロ学習局では教示用ポスターやイラストを作成して、各学校への配付や教師への貸し出しなどを行っている。グアム教育委員会には約150人のチャモロ学習のための教員が所属している。教師たちは多様で、教員免許を持ち普通学級指導の経験がある教師、教員免許を持たないがチャモロ語能力や舞踊にたけている教師、教員免許を持っているがチャモロ語教育経験しかない教師などそれぞれである。雇用の形態も正規採用と臨時任用、常勤、非常勤と多様である。これらの教師が多様な教育方法でチャモロ学習を行っている。言語、歌、音楽、踊りを用いた完全イマージョン教育が最も効果的であるとしながら、バイリンガル教育や、教師はチャモロ語で話すが児

童生徒にチャモロ語で話すことを強要しないナチュラルアプローチ法も取り入れている。

　1997年に示された「チャモロ語と文化プログラム」では、「チャモロは保護、促進、永続される言語であり、教育・社会・経済・宗教・政治的重要さにおいて、ダイナミックで生きたコミュニケーション言語である」とされた。チャモロ学習および特別プロジェクトの主な目的は、チャモロ語と文化を蘇らせ、維持し、永続させる効果的な言語および文化学習を支援することと、チャモロ語および文化の日常的活用を守り、促進し、実践することにある。内容標準として、①チャモロ語構造の正しい使い方を示す、②チャモロ語を聞く・歌う・話されたことがわかる、③チャモロ語を話す、④チャモロ語を読む、⑤チャモロ語で書く、⑥チャモロ文化におけるものの見方や実践、生産物に関する知識を持ちその知識を強化する、⑦ココヤシの葉を編む、の7点が示されている。

　こうした背景から、チャモロダンスがチャモロ語の授業にも積極的に取り入れられている。小学校では、ラボン氏のもとで学んだ教え子や教育委員会の研修を受けた教師が、ラボン氏が創ったダンスを教えている。グアムに伝わる創世物語「フウナとプンタン」は、踊りながら動作を通してチャモロ語と物語を学ぶことができることから、多くの学校で教えられている。グアムでは3月はチャモロ月間で、島中がチャモロ文化を称揚する雰囲気に包まれる。スーパーにはチャモロコーナーができ、教会ではチャモロ語のミサが行われ、学校ではチャモロダンスの披露やチャモロ語スピーチコンテストが開催される。小学生のチャモロダンスの発表会は人気があり、保護者はチャモロダンスの衣装を身につけた我が子の写真や動画を撮ってSNSで発信している。子どもの姿を通して親世代もチャモロダンスに親しみを持ち、楽しんでいる姿が見られる。

2. 教育における広がり

Fu'una yan Puntan
（フウナとプンタン）

Frank Rabon, 1993

1 Fu'una yan Puntan, Fu'una yan Puntan tutuhon i lina'la'
  Fu'una yan Puntan i taotaotano', i taotaotano'
2 Fu'una yan Puntan, i akague na' atadok-mu, mun a lamlam i pilan
  I agapa' na atadok-mu, muna' dokko i atdao, muna' dokko i atdao.
3 Fu'una yan Puntan, i sehas-mu gi fas-mu, pumenta i isa i tiyan-mu gi talo'
  fuma na gu i tano', fuma na gu i tano'
4 Fu'una yan Puntan, i chelon-miyu as Chaife, muna' lala' i guafi,
  Ha otdena i manglo, ha na' katma i tasi, ha na' katma i tasi
5 Fu'una yan Puntan, Fu'una yan Puntan tutuhon i lina' la'
  Fu'una yan Puntan hamyo sainan-mami, hamyo sainan-mami
  Fu'una yan Puntan

1 フウナとプンタン　生命の始まり　フウナとプンタン　大地の人びと
2 フウナとプンタン　あなたの左の目が月を輝かせ　右の目は太陽を昇らせる
3 フウナとプンタン　あなたの眉毛は虹を描き　お腹は大地に生命を与える
4 フウナとプンタン　兄弟のチャイフィは火を創造し　風を操り　海を鎮める
5 フウナとプンタン　生命の始まり
  フウナとプンタン　あなたは我々の創造主となる
  フウナとプンタン
  ＊チャイフィ：火の神様

ラボン氏がイナラハン高校で教えているときに、創世物語に登場する神への敬意を学ぶために作った曲。

Famagu'on Guahan
(グアムの子どもたち)

Frank Rabon, 1997

Famagu'on Guahan　Famagu'on Guahan　Hami famagu'on Guahan
Tinituhon Fu'una　Chume'lu yan si Puntan　Fina'tinas ginen i saina-mami
Saina-mami,　si Chaifi　Kumahulo' i guafi　Ha'otdet-na i manglo　Hana'katma i tasi
En sustieni i kottura　Na megot i irensia-ta
Para i man mamaila　Siha na'taotao-ta

グアムの子どもたち　グアムの子どもたち　私たちはグアムの子どもたち
フウナから始まり　プンタンの兄弟　私たちは　先祖の神様からできている
私たちの神様の一人チャイフィは　火を創った神様　風を支配し　海を鎮める
私たちは文化を大切にする　伝統をさらに強固なものにする
すべての未来の世代の子どもたちのために

2.2. 中学・高校におけるチャモロダンスシーン

本節では、最近の学校でのチャモロダンスの授業やチャモロダンスが披露される場面の事例を中学校と高校から紹介する。幼稚園や小学校の授業については、中山（2012d: 247–251）に紹介している。

① ジョン・F・ケネディ高校訪問

訪問したクラスは2年生を対象とした選択クラスで、チャモロダンスパフォーマンスへの意欲が高い生徒が多いようだ。ジョン・F・ケネディ高校は二つの中学から生徒があつまっている。デデドも学区に含まれ、デイニャ・キムが率いる Guma' Taotao Lagu でチャモロダンスを学んできたケアラニもこのクラスを履修していた。ケアラニのダンス歴は長いので、選択クラスは余裕のレベルだが、ブライアン・テラヒ教諭が率いるグマの生徒が幅を利かせているため、ケアラニのふるまいは控えめだ。ゲストティーチャーである筆者がケアラニのことを知っていて、クラスで彼女が小さかった頃の話をしたときにはとても嬉しそうで、「私の名前をおぼえていてくれた」とはにかんでいた。しかしケアラニは自分が所属するグマの中でも勢いがある下の世代に押されて控えめになってきている。日本の学校でも同じだが、生徒同士のパワーポリティクスで、グマの活動や学校でのチャモロダンス活動への意欲が変化するようだ。チャモロダンスを通じてアイデンティティの育成をするはずだが、異なる要因によって継続が阻害されるのは、観察者である筆者からすれば残念なことである。

クラスには日本にルーツがある生徒、フィリピンにルーツがある生徒、ミクロネシアにルーツがある生徒などが在籍し、多様である。筆者へは「いつチャモロダンスをはじめたのか」「好きなチャモロの歌と踊りは何か」「日本人の感覚とチャモロの感覚をどのようにして折り合いをつけているのか。バランスをもっているのか」「大変なことはどんなことか」などの質問が生徒から出た。

生徒とのやりとり、テラヒ教諭のコメントなどを通して、総括的に授業参

加についていくつかの意義を指摘することができる。まず、外国人である（日本人である）筆者がチャモロダンスに取り組み、歌や踊りを生徒の目の前で示すことで、外国人にとっても「学ぶことが価値あること」であり、努力することでチャモロでなくても「ここまでできる」を示すことができる。生徒に好きな歌を聞かれ、古い歌「月の光」をチャモロ語で歌うと、「鳥肌ものだ！」と感嘆のまなざしを向ける。好きな踊りは何かと聞かれ、「イタノフ」（I tano-hu）を踊れば驚く。次に、取り組み始める理由はそれぞれであることや難しい理由は必要ないことを生徒は理解する。チャモロダンスを見て、「すてき！」「なんかいい！」と思ったことから始めたこと、チャモロ語で歌を歌うことやチャモロダンスを日本人の自分がすることで、チャモロの人びととの戦争の記憶を和らげ、文化を尊重する姿勢を示すことの意義があとからついてきたことを話すと、チャモロダンスを始めようとしている生徒たちに安心感が出てきたようだ。つまり、チャモロにルーツを持っていない生徒、あまり意識がなかった生徒が、急にチャモロダンスに「はまる」ことへの違和感や抵抗があったときに、筆者のような存在は彼らをリードすることになる。

　テラヒ教諭は、雑事や生徒指導対応に追われ授業に集中できず、私と話すように生徒に指示してなんと授業を離れてしまった。チャモロダンス初心者のクラスだったため、一緒にギターを弾きながら互いに知っている歌を歌いながら、時間を楽しく過ごした。どんな曲知っている？　この曲知っている？　踊れる？　といった会話から、距離が近づいていく。椅子に座り初心者レベルのギターを弾く筆者の足元やまわりに女子生徒が集まり床に座り、少しだけ離れた場所で男子生徒が集まり、会話しながら歌ったり踊ったり、とまるで日本の小学校中学年の授業風景のようだった。この時間には、チャモロダンスや歌をツールとして互いの学習レベルをさぐりながら、「一緒に楽しめる」を考えた。日常生活では生じにくい「文化を共有する」を実感できる場面で、外国人指導者に授業を託された面白さでもあっただろう。

　日本にルーツを持つニッケイの生徒（外見はよく日焼けしてチャモロらしい）や、ほかのアジア系の生徒が筆者との質疑応答に頷く姿や真剣なまなざしを見て、太平洋の島出身の生徒にくらべて、アジア系がチャモロダンスをする

2. 教育における広がり

ジョン・F・ケネデ高校での活動風景
2018年

チャモロダンスの授業に参加し、チャモロ以外の人がチャモロダンスを学ぶことの意味について話し合う。

歌を歌いながら自然とチャモロ語に馴染み、語彙を増やす。

テラヒ氏が作曲した曲を踊る生徒たち。

ことへの違和感を普段から覚えているのではないかと推測した。そこで、自分のアイデンティティを持つこと、隠す必要がないことを、自分の事例から話した。日本人である筆者が取り組むことが、自分の文化を理解し、異なる文化への理解や受容の質が高まることを話した。

② オーシャンビュー中学校訪問

　2018年1月にオーシャンビュー中学校からの一行25名の訪問を筆者が勤務する帝京大学で受け入れて文化交流の活動を行う機会があった。日本の大学生も、外国の中学生や教師との交流を通して異文化理解、チャモロ文化理解を深めていた。その2週間後にグアムに行く機会があり、「学期末の表彰式」に招待された。学校訪問は現地の文化理解の一つの手法として有効である。しかしなぜ自分が表彰式に呼ばれるのか、という素朴な疑問を持ちつつの訪問であった。学校に到着するとCultural presentation関係者の控え室に通され、そこにはPa'a Taotao Tanoの関係者が集まっていた。思いがけない仲間に会うことができたことや、同中学のマンタノニャ校長や教員との再会は嬉しいものであった。

　しかし、体育館のアリーナ席を生徒がうめ、フロアには表彰される生徒の保護者席と来賓席が並ぶ中で、自分がTribal Council（民族協議会）のメンバーとともに「来賓」として迎えられ、セレモニーの中心にいることの緊張感が自分自身の中で増幅していった。

　開会式が始まると、まず、体育館の中央にルーハン教諭が率いるGuma' Nina'en Acho' Latteの生徒が円に並び、その周りを各グマの代表者が円に並び、その中に自分も誘導された。先祖を敬う曲O'Asaina、アメリカ国歌、グアム賛歌（Fanohge CHamoru、ファノギチャモル、立ち上がれチャモロの意）が歌われる場面である。

　グアム賛歌は、1919年にグアム最初の西洋医学の医師でありチャモロの権利活動家でもあったレイモン・M・サブランによって作曲と英語による作詞が行われ、「領土の公式曲」（official song of the territory）となった。当時アメリカ海軍がグアムを統治し、チャモロ語の使用は推奨されていなかった。チャモ

2. 教育における広がり

> ### Fanohge CHamoru
> （グアム賛歌）
>
> Lagrimas Untalan
>
> Fanohge Chamoru put i tano'-ta, Kånta i matunå-ña Gi todu i lugåt
> Para i onra, para i Gloria, Abiba i isla sen paråt.
> U todu i tiempo i pås para hita, Yan ginen i langet na bendision
> Kontra i piligru na'fansåfo' ham, Yu'os prutehi i islan Guam
>
> 立ち上がれチャモロよ　祖国のために　美しい海をたたえて歌おう
> 名誉と栄光のために　立てよ　わが島　祝福あれ
> いつの世も平和に　天からの祝福が私たちに
> 危機に対して私たちを見放すことなく　サイナ（先祖）がグアムを守る

ロの人びとは、合衆国海軍政府からの独立を求めて闘い、1950年に自治政府を組織し合衆国市民権を得た。そして、1974年に Lagrimas Untalan によってチャモロ語の歌詞がつけられた。そうしたプロセスの中でこの歌は維持されてきた。現在、公式行事で歌われるときはすべてチャモロ語で歌われるが、意味を理解するために当初の英語の歌詞が用いられている。歌の歴史的背景と、チャモロ語の意味を加味せずに英語だけで解釈すると、キリスト教の賛美歌になってしまうだろう。チャモロ語の Yu'os は、「神、最も上位に立つもの、例えば Saina」とある。Saina とは、「導くもの、神、先祖、親、マスター、最高指導者」の意味を持つ（Topping *et al.*, 1975）。チャモロ語の Saina に相当する英語が God になることから最初の歌詞で God が使われたと思われるが、現在チャモロ語で歌われているニュアンスは、キリストの「神」とは異なり、チャモロの自然崇拝の神や先祖を強く意味する Saina のニュアンスが強い。グアム賛歌「ファノギチャモル」は、小学校4年生の社会科において詳しく教えられている（中山 2015: 120–131）。

　筆者が身につけていたパレオには Japan と書いてあり、田舎の学校では私が「部外者」であることはすぐわかったであろう。人びとが興味深げに見て

いることに気づき、O'Asainaが始まり筆者が歌い出しハンドモーションをしているのを見て、「あの人は誰だ」と言わんばかりにひそひそと話していることにも気づいた。グアム賛歌のときには「ファノギチャモルも歌えるのか？」といったような聞こえるはずもない声が聞こえてきた気がした。それは、「ファノギチャモル」を初めて公開の場で「中心的立場」で歌った自分の中の違和感がそんな気持ちにさせたのかもしれない。全校生徒、参列者は胸に手をあてて歌っているが、チャモロでない私は胸に手を当てて「立ち上がれチャモロよ」を同様に歌うことには大きなためらいがあり、胸に手を当てることはしなかった。これは自分がチャモロではないという積極的選択と日本人であるという自己アイデンティティからの行動であった。

　学校関係者によると、学区はグアムの中でも保守的でチャモロのプライドが高い割に、生活実践ではチャモロとかけ離れている家庭が多い地域で、貧困家庭も多いという。チャモロ・プライドを口にはするが、行儀の悪さ、実践力のなさ、非行事例も多いとされる。十数年ほど前に、校長の判断によりチャモロ文化学習に力を入れるようになり、現在ジョン・F・ケネディ高校教諭のテラヒ氏が採用された。校長が現在のマンタノニャ校長に変わり、さらにチャモロ文化学習に積極的になり、改まった場でチャモロのチャントやパフォーマンスを取り入れることを求め、Pa'a Taotao Tanoに参加を要請するようになったという。外部との交流を通して学校を閉鎖的にしないようにすること、生徒たちにプライドを持つということの具体的な例として大人の姿を示すことを可能にしている。地域に基盤をもって育つことは大事なことであるが、コミュニティの中にとどまりすぎ、外部との接触が少ないことも課題であることがわかった。

　その後、マンタノニャ校長が筆者を全校に紹介し、日本で交流を持ったことを紹介すると、会場に「なるほど」といった雰囲気ができ（たような気がした）、温かいまなざしを感じた。校長は、学校教育の場での文化的要素の大切さを話し、広い視野を持つこと、本校も日本からのゲストを迎えるような国際化の時代であることを話した。そのときにはじめて自分が「インターナショナル」を作る要因としての存在であることに気づいた。大学でオーシャ

2. 教育における広がり

オーシャンビュー中学校での活動風景
2018年2月

◀ 全校集会でチャモダンスのパフォーマンスの出番を待つ。チャモロ語で歌も歌う。

▶ 集会の進行を見守る保護者と生徒たち。

集まった Pa'a Taotao Tano のファファナグエとベテランたち。

ンビュー中学のルーハン教諭が率いるグマ・ニナエン・アチョ・ラッテを迎えたときは、「ルーハン氏のグマを迎えた」という認識が強かったが、この学校で東京での交流活動が校長から紹介され、「学校社会の国際化」という言葉を聞くと、教育的意義はこちらが想像する以上に大きかったことを理解した。

　グマ・ニナエン・アチョ・ラッテの生徒たちのパフォーマンスの最後にはグマ代表者一同が並び、チャモロダンスの中でもベーシックな曲トゥレティ(Tulete')を踊るリクエストがあり、筆者も前に出て踊った。「日本人である自分がチャモロダンスを学び、その姿を見せる」ことの意味を十分に理解できていたこと、Pa'a Taotao Tano の仲間とトゥレティを踊ることなどないことから、その場に居あわせた喜びの中で楽しく時間を過ごした。

2.3. 社会教育における広がり

　どこの国・地域でも生活が便利になり、時間をかけずに物事を機械的に解決できるようになってきている。地域コミュニティのつながりが希薄になり、生活の個人主義化が進んでいることも指摘されている。グアムも同様である。

　それでも親戚づきあいは日本よりはるかに深く、一族の結束は強い。兄弟姉妹の数も多く、親類が集まる週末のバーベキューは賑やかである。子どもから高齢者までが集い、時間を過ごし、食を共有することはチャモロの人びとにとって大事なことである。以前はこうした時間に、昔語りを聞き、チャモロの価値を学び、目上の人を敬い、働くことを学んだ。しかし、アメリカ化が進む中で、チャモロ語しか話せない世代を敬うことよりも、英語を話しアメリカ的に振る舞うことを若者が求めるようになった結果、年長者を常に敬うというチャモロの価値観も揺らいだ。チャモロ語の復興とチャモロ文化継承運動が展開され、現在では「アメリカ化＝かっこいいこと」という単純な思考はさほど強くはないが、現代的な便利さや個人主義の感覚が優先し、先人の知恵を学んだり、高齢者の言葉に耳を傾けて生活実践をしたりすることは減ってしまっている。

　一方で、チャモロの習慣を生活実践の中で行っている人もいる。例えば、

2. 教育における広がり

Tulete'
（生命の船）

David Tedtaotao Gofigan, 1995

1. Kulan i paluma yanggen　gumupu hulo' gi langet
   I tasi yan i tano'i hatdin giya paraisu,
   Puntan yan Fu'una esgaihon ha mo'na
   In enra i na'ån-mu nå' i ham ni animu,
   Para ta tulos, para ta tulos,　mo'na i galaide'.
2. Kulan i paluma yanggen　gumupu hulo' gi langet
   I tasi yan i tano', i hatden giya paraisu,
   Maila' mañe'luta- ya ta onra i antita
   Sa' siha fuma' tinas este i guinahå-ta
   Para ta tulos, para ta tulos, mo'na i galaide'.

1. 空を飛ぶ軍艦鳥のように滑走し
   楽園を探し　海や大地を渡ります
   プンタンとフウナが私たちを前方へと案内します
   あなたの名を讃え、力を得ましょう
   カヌーを漕いで　また漕いで前に進めます
2. 空を飛ぶ軍艦鳥のように滑走し
   楽園を探し　海や大地を渡ります
   兄弟姉妹たちよ　我々の精神に敬意を払いましょう
   彼らがその源を示してくれたのだから
   カヌーを漕いで　また漕いで前に進めます

1995年にカヌー「マカリイ号」がグアムに寄港したときに、太平洋カヌー文化復興に大きく貢献した航海術士マウ・ピアイルグを歓迎するパフォーマンスとして作られた曲。

チャモロ式挨拶が日常生活
にあった頃。

今でも高齢者は当たり前にチャモロ
式挨拶を受け入れる。

チャモロ流の挨拶である。Helloと言って抱き合ったり握手をしたりする動作の代わりに、若者が年長者の手をとり、匂いを嗅ぐように鼻を手の甲に近づけるンニギ（ninge'）と呼ばれる挨拶をする人もいる。日本語にも年の功、年功序列という言葉があるが、年長者の経験や知識を尊重し、敬うことで社会の秩序が保たれてきた。チャモロダンスを通して、こうした教えを説く歌を繰り返し歌い、身体表現をすることで、自然とその考え方が子どもや生徒に浸透していくことも求められているようだ。そしてパフォーマンスの中で歌うだけではなく、実際に練習に集まったときに、年長者に対してンニギをする姿も多く見られる。

　チャモロダンスは学校教育だけでなく、地域のコミュニティセンターや博物館などでも、練習やワークショップが開催されるようになった。グアム博物館では、2017年8月にラボン氏を招いてチャモロダンスについての講演会を行い、ラボン氏がどのようにチャモロダンスを再創造したのかを市民と共有したり、ワークショップを開催したりしている。

　最近では、集会、儀式、セレモニーなどの場で、「オアサイナ」（O'Asaina）が歌われるようになった。Pa'a Taotao Tanoのパフォーマンスによって広まった曲であり、ラボン氏の教え子のBarbara Tainatongo氏が一部を作曲した。Pa'a Taotao Tanoの関係者だけではなく、一般の人もハンドモーションをつけて一緒に歌う光景を見ることも増えてきている。

2. 教育における広がり

チャモロダンスについての講演をするラボン氏。2018年、グアム博物館にて。

スライドで紹介されたタガ族のラテストーン。2017年、ティニアンにて。

Mandanna
（集まる）

Frank Rabon

Ekungok i ukun maniana-ta, Ekungok famagu'on ekungok
I sinangan sen taddong, I sinangan menhalom
Siente i aniti I taotao-ta
I estorian i taotao-ta, I tining goc lina'la, Ginen todu i maniana-ta
I hinalom taotao lagu, Tomolaika i kustumbre,
Satba i sinangan maniana-ta

先祖／年寄りが呼んでいるのに耳を済ませてごらん　子どもたち、よく聞きなさい
話されている言葉は深みがある　話されている言葉は賢い
人びとのスピリットを感じなさい
人びとの物語　生きることの叡智　先祖／年寄りからの
外からやってきた人びとの考え方　彼らの習慣を変えた
先祖／年寄りの叡智を慈しむように

Kotturå-ta
(私たちの文化)

Traditional

Famagu'on, atendi mo'na i eskuelan-miyu. Sa' i lina'la' mampos makkat gi tano'-ta.
Ekungok ya en fan manosge gi sainan-miyu i ma'estra yan i ma'estro.
Kotturå-ta gof empottånte Mo'na siha gi tiempo.
I lengguahi-ta, mungnga ma na'falingu
Prutehi todu mo'na, famagu'on, i tano' Ya ta sångan todu, Fanohge CHamoru!
Pinasensia todus hit na klåsen taotao. Direcho-ta ayu ha' ta gågagao
Famagu'on na'fitme mo'na i hinenggen-miyu Kotturå-ta ta onra todu i tiempo.

子どもたちよ、学びに行って、この土地で生きることの大変さがあることを学びなさい。
年寄り、教師たちの言うことをよく聞いて従いなさい。
文化は将来のために大切なものです。
私たちの言語は失われてはいないのです。
そして将来のために守られなければなりません。土地の子どもたちよ、誇りを持って、立ち上がれチャモロよ！と呼びかけましょう。
私たちは我慢強くしなやかな人びとです。先祖から継承したものを求めなさい。
信条とするものを強く揺るぎないものにしなさい。常に誇りに思う私たちの文化を通して。

2. 教育における広がり

O'Asaina
（先祖／神よ）

Taotao Tano, 2004

O'Asaina, O'Aniti ni' numa'i ham minesngon yan minaolek' × 2
Saina Sainan måmi　Na'i ham siñåt pa enguadok i tano'-mu
O'Asaina, Sainan måmi　Håtmi ham, ya na'fitme i latten måmi.
Saina Sainan måmi　Na'i ham siñåt pa enguadok i tano'-mu
O'Asaina, Sainan måmi　Hatmi ham, ya na'fitme i latten måmi.
Susteni i pa'an måmi guini gi tano'

先祖よ、あなたは強さと幸をもたらす魂。
先祖よ、あなたの土地を耕すために強さを下さい。
先祖よ、ラッテストーン（生活）を築くために私たちを強くして下さい。
先祖よ、あなたの土地を耕すために強さを下さい。
先祖よ、ラッテストーン（生活）を築くために私たちを強くして下さい。
この地における私たちの生き方が続きますように。

　　　この曲は、Barbara Tainatongo 氏によって作られた 1 行目 O'Asaina と、ラボン氏を中心として Taotao Tano のメンバーによって作られた 2 行目以降の Hinatsan i Latte を合わせて、2004 年に O'Asaina として整えられた。パラオで開催された第 9 回太平洋芸術祭で披露された。

仲間の美しい姿を祝福して O'Asaina を歌う人びと。2016 年、ゲフパゴ文化村にて。

O'Asaina は様々な行事で歌われるようになり、島内で広く親しまれるようになってきた。

3. チャモロダンスの衣装・道具・楽器

3.1. 歴史を表す衣装

　チャモロダンスに用いられる衣装や道具に着目することにより、チャモロの歴史と文化についての理解を深めることができる。ラボン氏はダンス同様に、衣装や道具も再創造している。スペインの影響を受けた時代のものについては、スペイン人宣教師による記録や古い絵、人びとの記憶から再現することが可能であるが、それよりも古いものは想像と創造である。

　スペインの影響を受ける前のラッテ期の踊りでは、ココヤシの葉のスカー

ジャングルのココヤシの木の幹に足場を作って高く登り、採っても影響のない葉を選んで採る。2015年。

ジャングルの奥深くで採った重い葉を運ぶのは楽ではない。2015年。

3. チャモロダンスの衣装・道具・楽器

トを用いる。まずジャングルの奥に健康なココヤシの葉を採りに入るところから作業が始まる。高いココヤシの木に登り、比較的若い葉を木から切り落とす。運ぶのも労力がかかる。脚立をかけて登ってもいいが、ジャングルの奥まで脚立を運ぶことはできない。したがって、自力で枝のない幹を高いところまで登る必要があり、技術が必要である。

次に連結した葉をばらす作業を済ませ、強く張った太い麻ひもに葉を2、3枚ずつ重ね折りをしながらひもで縛り付けていく。ウエスト周りの長さまで葉を縛り付けた後、葉の芯を取り除き、裾の長さを揃えるために切り落とす。ここまでの作業に2時間ぐらいを要す。作りたてのスカートは美しい緑色をしているが、長く使うために2晩程度冷凍庫で凍らせ、解凍して乾燥させると茶色く変色する。近年では、繊維が多いハイビスカスの木を乾燥させて薄くカンナで削ったような素材で作ったスカートや他の島から輸入した別素材のスカートなど、ココヤシの葉を使わないケースが増えてきている。毎回パフォーマンスのたびに作るには手間がかかるという理由もあるが、大きな理由はライノビートルと呼ばれる外来種の大カブトムシが新芽を食べて幹に入り込み、木を枯らせてしまう害によってココヤシを保護しなければならない状況にあるからである。健康な若い葉を採ることが難しくなっているのである。スカートの他にもココヤシの葉で編んだ頭飾りをつけたり、葉を薄く割って腕や腰に飾ったりする。

ハイビスカスの太い枝を割いてスカートの素材を作るカルロス氏。2017年、ゲフパゴ文化村にて。

足飾りを作るのには、バズグ（Bayogu）と呼ばれる大きな豆を使用している。バズグとは日本では藻玉（モダマ）と呼ばれるマメ科常緑植物で、熱帯と亜熱帯のマングローブ林や海岸近くのジャングルに生え、1m前後の大きな豆の莢をつける。その豆はとても堅い。この豆を半分に切ったものをジャラジャラとつけて足飾りにする。入手は簡単でないために希少性が高いが、動

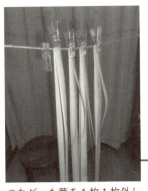
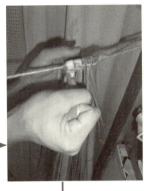

つながった葉を1枚1枚外し、葉の芯の部分をつけたまま麻ひもに葉先の細い部分を折り返すようにして並べる。

1枚ずつしっかり麻ひもで結びつけていく。

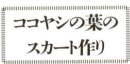

ココヤシの葉の
スカート作り

芯の部分を葉を割きながら外し、切りそろえて完成。

パフォーマンス会場の片隅で作ることもある。

ココヤシの葉はスカートだけでなく、パフォーマーの身体の装飾にも使われる。

3. チャモロダンスの衣装・道具・楽器

木にぶら下がっているバズグの莢。
2014年。

地面に落ちた莢を乾燥させた
もの。割ると直径6cm前後
の豆が出てくる。2015年。

豆を半分に割って足飾りにしたもの。
腕につけることもある。

バズグと
カトゥパトゥ

ココヤシの葉で編んだカトゥパトゥ。

編み方を皆で学ぶ。2015年、帝京
大学にて。

くとぶつかり合って音が鳴りパフォーマーの存在感が増す。

カトゥパトゥ（Katupat）は、ココヤシの葉で編んだ入れものに生米を入れてそのまま調理して持ち歩くことができる、粽（ちまき）のようなものである。チャモロダンスの中では、パンダナスの葉で小さな袋状に編んだものに生米を入れて使用している。女性が生米の入ったカトゥパトゥを手に持ち、音をたてて振る様子がダンスの動きに現れている。両腕をまっすぐに伸ばして90度に開き、手首を回転させる。手のひらはカトゥパトゥを連想している。

チャモロダンスのパフォーマンスで、頭飾りは目を引く衣装の一部である。マーマー（mwarmwar）は、花をあしらった頭飾りを意味する。北マリアナ諸島では儀式の際に男性もつけているのを見かけるが、グアムでは主に女性がつけている。チャモロダンスでは、マーマーをつけることもあれば、ココヤシの葉で編んだ輪飾りに花をあしらうこともある。男性もココヤシの葉の輪飾りだけでシンプルにすることもあれば、ラフィアや麻紐を編んで使用したり、頭部から背中にかけて華やかに尻尾のように飾ったりすることもある。

スペインの宣教師が布教活動をするとともに、女性はメスティーサ（Mestizas）と呼ばれるものを着るようになった。メスティーサには、日常生活用のもの、教会儀式など特別なシチュエーション用のものがある。スカート部分はルピス（lupis）と呼ばれ、自然にある色や小さな柄のものが使われ、上半身部分は白やレース、無地のものが使われる。白い木綿や無地のタンクトップ型のインナーの裾にはレースの飾りがつく。メスティーサには2種類あり、バタフライ袖と呼ばれるふっくらした袖がついたものと、袖がないものである。ルピスはAライン型のものと、半円状に広がるフレアー型のものがある。社会的地位が高い人はよりレースが多いメスティーサを着ることが多かった。現在の高齢者の親世代はメスティーサを着る暮らしをしていたが、その頃はより明るく華やかな柄のものが好まれるようになっていた。ラボン氏は、タオタオタノ・

袖が大きく膨らんだメスティーサをきた女性。グアム博物館提供。

3. チャモロダンスの衣装・道具・楽器

メスティーサといって、従来よりも明るく華やかなプリント柄の生地を使って「チャモロメスティーサ革命」を起こした。レース生地の袖なしメスティーサにスカート生地の柄の一部を縫い付けた上下セットのものは、キモノスタイルメスティーサと呼ばれる。

チャモダンスの中では、フォーマルなイメージのダンスを表現するために、レースがついたバタフライ袖のメスティーサと鮮やかなサテン生地のスカートの組み合わせが使用されることもある。ラッテ期でもなく、スペイン風でもない演目でこのタイプの衣装が用いられている。

祖母が着ていたメスティーサの思い出を話すラボン氏。2018年、グアム博物館にて。

スペイン統治時代に農耕を開始して以降、チャモロの人びとは優秀な農民となった。ランチ（ranch、チャモロ語でランチョ〔låncho〕）という言葉は、もともとは農業や家畜業を示す言葉であるが、現在では、チャモロの多くの家族は家庭菜園を楽しんだり動物を飼育したり、週末を家族ですごす場を指して使っている。ランチは、家族の食べ物を供給する場だけではなく、バラバラになりがちな家族が集まり、一日中草刈りや清掃をして働いて、家族の絆を保つ場ともなっている。皆で草むしりをし、種をまき、肥料をまき、整える。鶏、豚、牛、鹿はグアムの農家が家畜としてきた動物である。これらのランチの多くは、海沿いや川付近か、ジャングルの奥深くにあり、通常、次世代に相続される家族の所有地にある。しかし現在、チャモロの新世代は受け継いだ土地を売り、都市での便利な住まいに移り、夜間も活動する生活スタイルを送るようになり、こうした農業の伝統を失いつつある。

懐かしいランチの風景をダンスにした表現もあり、そうしたパフォーマンスで着られる衣装がある。当時はマニラ麻で作られた白いシャツを着ていたが、パフォーマンスでは木綿の白いシャツで代用している。

様々なメスティーサ

バタフライ袖の中でも64ページの写真のスタイルに近いメスティーサ。2017年。

お気に入りのメスティーサを着てダンスショーに参加するイナラハンの高齢の女性。鮮やかなスカートと元気な姿に若いチャモロの子どもたちも笑顔に。2017年、ゲフパゴ文化村にて。

華やかな花柄のスカートにレースの袖のないメスティーサ。2017年、シェラトンホテルショーにて。

スペイン時代のパフォーマンスをする男性。2016年、ジョン・F・ケネディ高校にて。

サテン生地を使ったスカートのメスティーサ。2017年、ゲフパゴ文化村にて。

3. チャモロダンスの衣装・道具・楽器

ランチの風景

カラバオ（水牛）に乗る農作業着の子ども。グアム博物館提供。

共同作業に集まる村人たち。グアム博物館提供。

ランチの衣装でダンスのパフォーマンスをする子どもたち。2018年。

ランチの衣装でホテルのディナーショーでパフォーマンスをする。2016年。

3.2. 協働して作る道具

　ファザオ (Fayao) と呼ばれる 30 〜 35 cm 程度の長さのやや太めのスティックを用いたダンスがある。リズムを刻んだり、遊び心を表現したりするために用いられる。用いる木材の種類によって、打った時に高い音が出るものや、低い音が出るものがある。模様を削り込んだり、ペンキで色をつけたりすることもある。

ファザオを使った踊り。2016 年、ゲフパゴ文化村にて。

ファザオを使った踊り。Rudolph C. Rivera II, Taiche' 提供。

ファザオの手入れをする。2017 年、東京にて。

3. チャモロダンスの衣装・道具・楽器

　パリトゥ（Palitu）と呼ばれる、ファザオよりも細めの55cm前後のスティックを用いたダンスがある。オランダやドイツからやって来た人びとが持ち込んだポルカのリズムをもとに作られたソティスのステップに合わせて、ペアや4人組でパリトゥを使ってリズムよく踊る。

　チャモロは母系を中心とする社会であり、三つの身分階級があったとする学説と、二つの階級があったとする学説がある。三つの身分階級では、一番上の階層はマトゥア（matua）と呼ばれ、各村の特権を有し人びとから崇められていた。若いマトゥアの未婚の男性をウリタオ（urritao）と言い、彼らはウリタオの共同の家（グマ・ウリタオ）で共同生活を営み、そこは年長者から漁の仕方や大工仕事を学ぶという学校のような機能を持っていた。ウリタオは、当時長い棒を持ち歩く習慣があったと言われる。マトゥアに次ぐ身分がアチャオト（atcha'ot）と呼ばれ、マトゥアを支援する立場にいた。村の共同生活の中ではある程度リーダー的役割を担い、戦士であり、カヌーを作り、水夫であり、そして漁を行っていた。マナチャング（manâchang）は最下層で、畑の周辺かマトゥア集落の外に住み、共同社会への参加は厳しく制限され、川ウナギを獲ること以外の漁も猟も許されなかった。近年示された、三つの階級ではなく二つの階層であったとする学説では、その区別は緩やかである。チャモロダンスでは「ウリタオの踊り」があり、ウリタオが持ち歩いていたと言われる身長と同程度の長い棒＝トゥナス（tunas）を使って踊る。

スペイン人来島以前の生活の様子を描いた想像図。Alphonse Pellion 作。

チャモロダンスの中でウリタオの踊りは見所の一つ。力強さと協働が表現される。2017年、東京にて。

◀流されないようにしっかり縛り、海水に浸けて虫の駆除をする。

樹皮を剝ぐのは人手が必要。電動器具を使わずに手作業で行う。

協働作業をしながら道具の価値を理解し、絆を深める。

手入れはどこのグマも同様。長く使うために大事にする。

　ファザオ、パリトゥ、トゥナスなどを用意するためには多くの手間がかかる。ジャングルや藪の中に入り、長さや太さが適した素材の木を探して切り出す。長さ180 cm、直径5 cm程度のトゥナスを20本作ると仮に想定する。まず太く硬いまっすぐな木を20本見つけ、切り出してから枝葉を落とす。それをトラックなどに乗せて海まで運び、虫を駆除して樹皮を柔らかくするためにしばらく海水に浸ける。海水から上げて作業ができる広いところへ運び、石や硬い木で樹皮を打ってさらに柔らかくしてから一気に樹皮を剝ぐ。木の状態によっては先に樹皮を剝いでから海水に浸ける。乾燥させた後、必要に応じてサンドペーパーをかけたり、尖ったところを滑らかにしたりする。そして乾燥を防ぎ、補強するためにココナツオイルやニスを塗る。木を切り出してから2、3週間はかかる作業である。こうした作業は、家屋や家具、生

3. チャモロダンスの衣装・道具・楽器

ココナツの外側のハスクを剥がす。
2015年、グアムにて。

マチェティ（なた）を使ってココナツを半分に割る。グアムのランチにて。

一つひとつ内側の白い果肉をカムズを使って削る。2017年、サイパンにて。

残った果肉を乾燥させてさらに綺麗にする。皆で作業する。

子どもたちも作業しながら覚え、道具の扱いを覚える。

乾燥を防ぎ強度を増すために樹脂やニスを塗る。

活用具を自力で作っていた数十年前まで、日常的に行われていた。

　「ココナツを用いた踊り」にはココナツシェルと呼ばれるココナツの殻を使う。これは熟してココヤシの木から落下して時間がたち、茶色になったココナツの外側のハスクと呼ばれる部分を剥ぐところから作業を始める。ハスクを剥くと、丸い茶色のココナツの殻の部分が出てくる。それに衝撃を与えて半分に割ると、白い綺麗な果肉が出てくる。その果肉をコリコリと削ったものがココナツパウダーであり、料理やココナツオイルを作るのに使われる。削るためには以前は座り込んで手で削るカムズと呼ばれる道具が用いられていたが、現在では便利な電動ココナツ削り器が存在している。白い果肉をきれいに削り取ると、茶色のお椀型の殻だけが残る。これを乾燥させるだけでもよいが、甘い果肉が残るとアリや虫が来る原因になるのと強度に欠けるので、これを火の中に入れて焼き締める。冷ましてから焦げと煤を掃除してきれいにし、乾燥を防いだり長持ちさせたりするために樹脂塗装をする。

サイパンの Linda Cabrera 氏によって寄贈されたカムズ。カムズは現代でもランチでは重宝されている。2018 年、帝京大学総合博物館にて。

　こうした道具を作るための手間のかかる作業を仲間と協力しながら、雑談しながら進める。全ての工程を協働することで、現代生活の中で失ってしまう知恵や労働の価値を学ぶことができる。

3. チャモロダンスの衣装・道具・楽器

Inifresi
（贈り物）

Frank Rabon, 1995

Hacha, Hugua, Tulu, Fatfat, Lima, Gunum, Fiti, Gualo', Sigua', Manot　×3
Hacha—Hacha este i guafak para i ason-mu gi pupuengi
Hugua—Hugua este i acho' ginen lagu yan san haya
Tulu—Tulu este i tunas para baston yanggen amko'
Fatfat—Fatfat este i lemmai para hagon-mu yan i tetchi
Lima—Lima na rasion niyok muna' la' la i taotao-ta
Gunum—Gunum este i sini para sostansia-mu gi hinanao-mu
Fiti—Fiti ramas pugua' para un ngangas yan mama' on
Gualo'—Gualo' acho' latte sumostieni i gima' mami
Sigua'—Sigua' este i guagua' ni kumatga i guinaha
Manot—Manot i lina' la ginen hami para hamyo
Hacha, Hugua, Tulu, Fatfat, Lima, Gunum, Fiti, Gualo', Sigua', Manot　×3

1、2、3、4、5、6、7、8、9、10（3回くり返し）
1—夜あなたが休むための1枚のパンダナスマット
2—南北からもってきた2個の価値ある石
3—年を重ねるあなたを支える3本のトゥナス
4—あなたが食べる肉にそえる炭水化物の4個のブレッドフルーツ
5—命の木から5個のココナツ
6—旅し続けることを助ける6個のタロイモ
7—噛むための7束のビートルナッツ
8—家を象徴するミニチュアの8つのラッテストーン
9—贈り物を運ぶ9つのバスケット
10—あなたのための10人の女性による「生命の踊り」
1、2、3、4、5、6、7、8、9、10（3回くり返し）

カヌー「マカリイ号」が航海術士マウ・ピアイルグを乗せてやってきたときに、海人への伝統的な歓迎の贈り物を贈呈するために作られた曲。

先ラッテ期・ラッテ期の ダンスに用いる衣装・道具

① トゥナス（tunas）
② マーマー（mwarmwar）
③ ヤシの葉で編んだカトゥパトゥ（katupat）
④ パンダナスの葉で編んだ手持ちカトゥパトゥ（hand katupat）
⑤ クランダ（kulanda）
⑥ サッシュ（sash、男性用腰ベルト）
⑦ 頭飾り
⑧ パレオ（pareo）／タピス（Tapis）／ラップ（wrap）
⑨ ウニのネックレス
⑩ クル（kulu）
⑪ 貝細工ペンダント（shell pendants）
⑫ バズグ（bayogu）足飾り
⑬ ファザオ（fayao）
⑭ ファザオポーチ（fayao pouch）
⑮ ココナツ葉のスカート

3. チャモロダンスの衣装・道具・楽器

スペイン統治時代の ダンスに用いる衣装・道具

① ココナツ葉で編んだ帽子
② 葉編み細工のネックレス
③ パリトゥ（palitu）
④ パンダナス葉で編んだ帽子
⑤ グエハ（gue'ha）
⑥ ベール（女性用）
⑦ サッシュ（sash、男性用腰ベルト）
⑧ ココナツシェル（coconut shell）
⑨ シェルレイ（shell lei）

＊裏カバーにカラー写真があります。

3.3. 使用される楽器

　ココナツやファザオ、パリトゥのように音を出してリズムを取るものの他に、チャモロダンスに使用される楽器に、ギター、ジャンベ、フロアタムがある。もともとチャモロの音楽シーンでは、ギター、バイオリン、ビリンバオトゥーザンが楽しまれていた。ギターは、メキシコ経由でスペイン人が持ち込んだ。太平洋の島には、船乗りや移住者が持ち込んだ弦楽器が定着して島の音楽文化を形成する例がある。

　ハワイの事例を紹介しよう。ハワイに欧米人がやってくると賛美歌がもたらされ、音階がハワイに紹介された。19世紀には、カリフォルニア州からメキシコ人カウボーイがハワイに渡り、ギターを持ち込んだ。当時、ハワイアンはメキシコ人からギターと裏声を使って歌うファルセット・ボイスを学んだ。19世紀後半になると、世界から移民が流入するようになり、1879年に最初のポルトガル人の一団が到着し、ブラギーニャという小型の弦楽器が持ち込まれ、これがのちのウクレレとなった。ギター、ファルセット・ボイス、ウクレレはハワイアン音楽の欠かせない要素となった（矢口 2007: 48–49）。

　現在のようなギターの完成は19世紀のようであるが、14～15世紀には、ヨーロッパの文献上、「ギターラ」等の名称は多く存在する。それらが具体的にどのような楽器を示すかには混乱もあり、はっきりとギターの名前と形が結びついたのを確認できるのは16世紀になってからのようだ。ギターの原型となるリュートと呼ばれる楽器は15～16世紀にはスペインからヨーロッパ、スペインの植民地でポピュラーな楽器であった。グアムにスペイン人がこの楽器を持ち込んだのは早い時期だったと推測する。ギターのことをチャモロ語で「ギターラ」（gitala）と言う。これはスペイン語（guitarra）からの借用語である。チャモロ語には、植民地支配まで島にはなかったものがもたらされて、その言葉がそのままチャモロ語として定着したものがいくつもある。例えば、日本語由来のものとしてデンケ（電気）、ゾーリ（草履）などがある。

　マリアナ諸島のギターのサウンドは明るい。フラメンコ音楽のようにせつ

3. チャモロダンスの衣装・道具・楽器

1900年代はじめ、広場でダンスを楽しむ人びとと、楽器を演奏する人びと。

ビリンバオトゥーザン復興の市民活動。2016年、太平洋芸術祭にて。

なさを感じさせるような複雑な表現よりも、開放的な音を主とするコード進行、比較的規則的なコード進行が多い。熱帯気候の娯楽の場では、複雑な演奏技術よりも皆で楽しむためのBGM的な演奏の仕方が多かったことや、教会の賛美歌のシーンでパイプオルガンの代わりに用いられてきたことが背景にあるだろう。現在でもマリアナ諸島では、教会のミサにギターが登場することは珍しくなく、ギターがポピュラーな楽器であることがわかる。チャモロダンスのギタリストはクラッシックギターをフォークギターのような感覚で使うことを好む傾向があるようだ。汗や潮気が多い島ではスチール弦を使うフォークギターでは弦がすぐ錆びてしまうこと、体が大きい人びとにはネックの幅が広いクラッシックギターの方が弾きやすいこと、柔らかい音を好むこと、などが考えられる。グアムの若い世代が弾くギターにこだわりはあまりないようで、入手が可能だったものを弾くだけのことのようだ。

　グアムにはひょうたんの共鳴体を持った一弦琴を棒で叩いて演奏するビリンバオトゥーザンという楽器がある（左上写真前列中央左側の人物が持っている楽器）。現在一般の娯楽の場で登場することはほとんどなく、資料館でみたり保存会の人びとによって演奏されたりする程度である。楽器の形状や演奏法は、ブラジルのビリンバウによく似ている。ブラジルではカポエイラ（踊る格闘技とも呼ばれる）の伴奏楽器として使われるが、元々はアフリカ発祥の楽器であり、奴隷貿易で南米に入ってきたものである。南米に入植したスペ

イン人がこの楽器をのちにマリアナ諸島に持ち込み、これがチャモロの人びとに定着していったと思われる。定着した背景には、楽器の材料が手に入りやすいものだったことや、彼らにとって響きが心地よかったことなどが理由として考えられる。バイオリンもスペイン人が持ち込んだが、スペイン統治が終了して以降は、バイオリンの入手が途絶えたことや、現在グアムではバイオリンはクラッシック楽器であり、流しのようなバイオリン演奏をすることもないため、ビリンバオトゥーザン同様、バイオリンも現在のチャモロダンスにおいて演奏されることはほとんどない。

　太平洋の島のパフォーマンスではジャンベが使用されることが多い。チャモロダンスではどのグマも使用している。パフォーマンスのステップごとに決まったリズムがある。しかし、ジャンベも元々グアムにあった楽器ではなかった。南太平洋の島では、太い丸太をくりぬいて空洞にした筒状のものを横に倒してスティックで打つような楽器が今でも使われている。おそらくマリアナ諸島も昔はそうだったと思われる。スペイン人の到来によってアフリカンジャンベのような楽器が流入し、スペイン人が食用にジャングルに放った鹿や水牛、牛を屠殺するときに皮が取れるようになって作るようになったのかもしれない。現在グアムでジャンベは生産されておらず、すべて島外から輸入品である。2000年代に入ると、チャモロダンスでもより迫力を出すためにフロアタムを用いるようになった。

　基本的にラッテ期以前の古式の踊りやチャント（詠唱）では、ジャンベと肉声でパフォーマンスをする。中には、ココナツ葉をつけてラッテ期以前の様子を踊っているのに、ギターの音楽が付いている曲など、パフォーマンスが描く時代と楽器のミスマッチがチャモロダンスにはある。しかしそもそもラッテ期にはジャンベもフロアタムもなかった。これは再創生されたチャモロダンスの魅力でもある。

3. チャモロダンスの衣装・道具・楽器

チャモロダンスのミュージシャン。2018年、ミクロネシア・アイランド・フェアにて。

チャモロダンスのストリートパフォーマンスのための演奏。2015年、タモンにて。

チャモロダンスの音楽

チャモロダンスで主に使用されるギター、ジャンベ（上段左右）、フロアタム。

いくつものジャンベを使う。基本リズムは同じでもプレーヤーによって微妙にアレンジを加え、重なり合って音の厚みを出す。

4. チャモロ・アイデンティティの覚醒

4.1. 島の多様化の中で

　日本人が引き揚げた戦後、マリアナ諸島には戦火を免れたチャモロの人びと、プランテーション労働のために移住させられていたカロリンの人びと、朝鮮半島からの人びと、少数の日本人が残った。そしてアメリカ軍の太平洋における要としてグアムの基地化が進むにつれて、アメリカ本土からの軍関係者の流入が一気に増加した。

　そもそもチャモロとは誰を指すか。スペイン・チャモロ戦争、1688年に流行した天然痘、1693年の大台風などによって、かつては5万ないし10万人規模だったと考えられているチャモロの人口は、5千人以下にまで減少したという。激減したチャモロ人口は、主にスペイン人との混血によって回復し、その結果スペイン系の名字が多い。名字によってはスペインまでファミリールーツをたどることもできる。1800年頃にはカロリン諸島からの移住者が増えた。1820年頃からは太平洋の捕鯨船が入港するようになり、スペイン人、フィリピン人、メキシコ人に加え捕鯨船の乗組員とチャモロの女性との結婚などにより混血がさらに進み、1850年頃には「純粋なチャモロ」はほとんどいなくなったとされる。これに関する見解については、中山（2010: 16–18）に詳しい。

4. チャモロ・アイデンティティの覚醒

　グアムの場合、法的には「ネイティブ・チャモロ」とは、アメリカ統治が始まった1899年4月11日以降にグアムで生まれた住民、その子孫であり、1950年のグアム基本法によって合衆国市民となった人びととその子孫を指す。ここでは言語や血縁は規定されていない。血縁、言語、統計区分によっては、正確な「チャモロ」人口を見いだすことは難しい。

　グアムは日本軍からの解放後、再度アメリカ統治下におかれ、政治的にも経済的にもアメリカが主導した。開発が進み、軍需産業、観光産業が展開され、経済活動が進展し、グアムへの移民の流入が続き、多文化化が進んだ。1940年には、チャモロ人口は全人口の90.5％にあたる2万2290人であった。しかし、1970年にはチャモロ人口は55％まで減少し、28％が多様な地域からやってきたアメリカ市民権を持つ者、15％が外国人となった。1986年にマーシャル諸島やミクロネシア連邦が、アメリカ連邦政府との自由連合協定を発効させ、これらの島の人びとがアメリカ領域内に居住し働くことが可能となり、チューク、コスラエ、マーシャル、ヤップからグアムへの移民の流入に拍車をかけた。2010年には、チャモロ人口は45％を下回っている。

　一方、収入、医療ケア、勉学など様々な理由からチャモロの人びとのアメリカ本土への流出が増え、2010年の調査によると、約8万8310人のチャモロ、5万9488人のチャモロにルーツがある人びとが、カリフォルニア州を中心に居住している。若い世代の頭脳流出も問題視されている。移民の流入に加え、本土への流出、異人種・異文化間結婚によるハイブリッド化が、ますますチャモロをマイノリティ化させている。

　チャモロ先住民局（Department of Chamorro Affairs）は文化多元主義について、以下のように指摘する。文化多元主義は、アメリカの現実や状況に応じるアメリカ独自の哲学といってよく、文化的遺産を維持することができる。文化多元主義者は、アメリカ人として、しかしながら文化的に異なる個人として存在することを主張する。移民社会アメリカを支える装置として文化多元主義は重要である。しかし、グアムでは意味合いが異なる。グアムの独特な社会状況では、文化多元主義者の理論はあてはまらない。「メルティングポット」や「多文化」という用語が今日のグアムの現実を語るためにしばし

ば、しかも大雑把に用いられる。グアムは多文化化しているものの、多文化的要素がグアムの基盤を作るというようなメルティングポットではないにもかかわらず、アメリカが課した考え方をそのまま持ち込もうとしている状況がある。そして外国人が土地を買い、アメリカ軍基地関連業や観光産業に従事する外国人労働者の流入が続けば、先住民は周辺化され、グアムを自分たちの手でコントロールできなくなる恐れがある。

　このように、スペイン人による植民地支配以降、混血化、文化変容が絶え間なく進んできたにもかかわらず、現代さらに加速している多文化化の進行に対して、「チャモロの島を守る」という意識が働いている。スペイン人来島時には圧倒的な武力で制圧されてしまったが、現代は、思考、言論の自由、法治が武器となる。しかし、アメリカ連邦政府のコントロールのもとにグアムがあり、島には米軍基地があり軍関係者が多いことから、「チャモロの島を守る」意識は市民レベルにおいてはアメリカ政府に向かうよりも、労働市場を占拠し、社会秩序を乱す移民に対して向けられる。1970年代からの日本のリゾート開発によって観光産業が成り立っていたが、近年の日本からの観光客の減少、中国・韓国からの観光客の急な増加によって、中国や韓国からのビジネスマン、労働者、移住者も増え、地域社会はますます多様化し、「チャモロ」の危機感は強くなっている。

チャモロダンスのクラスを選択して学ぶ生徒のエスニック・バックグラウンドは様々。2018年、ジョン・F・ケネディ高校にて。

　グアムの子どもたちに、あなたのアイデンティティは何か？と質問すると、チャモロだ、と答える子が多い。しかし、家族のルーツを聞くと、親、祖父母の世代にほとんどチャモロ以外のエスニシティの人が存在している。大人もそうした場合が多い。

　ここには二つの考え方があるようだ。一つは、学校教育におけるチャモロ学習の結果、「チャモロに誇りを持つこと」を幼少から聞き続けていることが

挙げられる。両親が日本から移住した日本人でグアムで育った高校生は、自分はニッケイであると答えるが、学校でチャモロダンスのコースを選択し、課外活動でもチャモロダンスのパフォーマンスに参加している。ニッケイに限らず、フィリピン系、韓国系など同様の子どもたちは多い。両親のルーツのエスニック・コミュニティへの関わりもあるが、「チャモロ文化に関わること」がグアムで生きる上で「誇らしい」「心地のよいこと」であるようだ。1990年代後半から本格的になった学校教育におけるチャモロ文化学習の必修化のカリキュラムで育った若者が親世代となり、「チャモロに誇りを持つこと」を表現することへの肯定的な雰囲気がある。

　もう一つは、依然として公務員の採用に「チャモロ」が多いことである。人間関係が重視される社会において、「紹介」は大きな力を持つ。高給の仕事に就くためには、「チャモロであること」がチャモロ・ネットワークでは意味を持つ。高学歴で優秀な人は本土に活躍の場を求めてグアムを離れていくケースも多いが、高校卒業までに学力困難に陥った場合や、貧困家庭に育った場合、「チャモロであること」のプライドによって自己肯定を生み出すこともできる。実際、チャモロ文化に関わる仕事（工芸、パフォーマー、ガイド）に就くことができ、仮に収入が十分でなくても、それらの仕事は文化継承者、チャモロ文化普及に貢献する人としてポジティブな評価を得ることができる。例え観光客相手の仕事でも、メイドの仕事よりもチャモロ文化を語る方が賞賛のまなざしを受ける機会は格段に多い。

　こうした背景によって、島の多様化が進む中で、チャモロ・アイデンティティの覚醒はチャモロ社会全体だけでなく、個々人レベルにも見ることができる。

4.2. チャモロ語への渇望とカバーソングの流行

　4.1で述べたようなチャモロ・アイデンティティの覚醒を後押ししているのが、太平洋先住民、パシフィックアイランダーとしてのプライドのようだ。これは2016年に太平洋芸術祭がグアムで開催されたことが功を奏している。

> ### Ya Ni Hayi U Kuentos
> （誰がなんと言おうと）
>
> JD Crutch
>
> Un tungo ha neni na makkat un kumprende, Yanggen hafa hao lokkue un sangani
> Lao este ay ya-hu neni na una' klaru, Ya hunggan nai hagu i mas ya-hu
> 　　Ya ni hayi u kuentos ti bai tulaika i sienente-ku
> 　　Sa hagu ai neni guinaiya-ku
> Pues maila fan guini ai lokkue gi fion-hu, Yan un toktok este i sintura-hu
> Sa ai hunggan neni hagu hu hahasso, Ya hagu ha gaige gi kurason-hu
>
> わかることって難しいことだって知ってるよね　君が言っていること
> でもはっきりさせたいと思うんだ　そうさ、君は僕のお気に入りなんだ
> 　　誰がなんと言おうと僕の気持ちは変わらないよ
> 　　だって君は僕の恋する人だから
> こっちに来て僕の隣に来て、そして僕の腰を抱いて
> そうさ君は僕がそうしたいと思うただ一人だから　そして僕の心にいるただ一人だから

　チャモロ語への意識の高まりが太平洋芸術祭の前から始まり、終了後も続いている。2010年ごろにはあまり見られなかったが、数年の間でSNSにおけるチャモロ語の使用が増えた。単語や挨拶程度のレベルから文章レベルまであるが、若者世代でもチャモロ語が使われるようになってきた。街中の掲示物、新聞におけるチャモロ語表記が見られ、ショッピングセンターにもチャモロ語音楽やラジオが流れるようになった。チャモロ語をプリントしたTシャツや帽子の販売を手がける人が増え、身につける人も増えた。チャモロ語の名前を子どもにつける親も増えた。グアム大学のビヴァクワ（Michael Lujan Bevacqua）氏が主催するカフェでチャモロ語を勉強する市民学習会も継続している。日常会話の言語としてチャモロ語が回復するまでのレベルに到達するかどうかについて、見通しは明るくないが、チャモロ語への言語意識は高まっているようだ。

　「グアム＝チャモロの島」を掲げた芸術祭後、チャモロ語の歌が若い世代

4. チャモロ・アイデンティティの覚醒

Nobia Neni
(愛する可愛い女(ひと))

Johnny Sablan

I puti'on yan gen gumupu gi islan i langhet, Ogan guatu gi tronkkon mapagahes
Annai hu li'e' si neni, antes di ha dingu yu',
Ya ha sangan, antes di hu maigu', na'a guaiyu yo'.
Hagu neni, hagu na palao'an, Hu guiguifi, ha'ani yan puengi
Ya iyo-ku hao, sa'iyo-mu yo', nobia neni, Hagu na palao'an, hagu ha neni
Ha'ani yan puengim hu guiguifi, Sa'iyo-mu yo', ya iyo-ku hao, nobia neni

島の天空高くに輝く星、そしてまとまった雲の上の島
逝ってしまう前の愛しい女(ひと)を見た、
そして彼女は言った、僕を愛していると眠りに落ちる前に
僕の愛する人、まさに僕の女(ひと)、夜も昼も君を夢見ているよ
僕は君のもの、君は僕のもの、僕の女(ひと)、まさに女性で、ただ一人の女(ひと)
昼も夜も君を夢見ているよ、僕は君のもの、君は僕のもの、僕の女(ひと)

にも流行りだした。10年ほど前は、チャモロ語のCDや歌は比較的年齢が高い層を相手にした、いわゆる「懐メロ」的なものが多かった。しかし最近は、若者がチャモロ語で歌っている動画をYouTubeやFacebookなどのメディアに投稿することが増えてきた。チャモロ語で一世代前の曲をカバーして歌うことのオシャレ感すら出ている。特に、チャモロ語の教科書や授業、高齢者の語りにはあまり多くない恋愛の心情を歌った歌に若い世代の注目が集まりやすいようだ。ポップソングを通して自然と言葉を覚えていくのは世界共通である。学習の強制感がないだけに習得も早い。

　Ya Ni Hayi U Kuentos、Nobia Neniはゆっくりなテンポで言葉も聞き取りやすく、年齢を問わず人びとの誰かを想う気持ちに寄り添うことができる歌詞で、多くの若者に歌われている。

4.3. 増えるチャモロダンスの担い手と指導者の苦悩

　自分がチャモロであると主張することやチャモロ文化に触れていることが、ポジティブに若者に捉えられるようになった。ショッピングセンターでは毎週土曜日にラボン氏が率いるPa'a Taotao Tano関係のグマがチャモロダンスを披露し、フィエスタなどの村の行事ではチャモロダンスのパフォーマンスがエンターテイメントとして呼ばれ、政府関係のセレモニーにもチャモロダンスが披露されるなど、島中のあらゆる場面でチャモロダンスが見られるようになった。新聞やテレビにも大きく取り上げられ、注目をされることも多い。この20年間でチャモロダンスを習うことへの特別感が薄くなり、興味を持つ人が関わりやすくなっている。また、グアムの代表団として他の島や国に行って文化交流活動に参加する機会もある。家庭の経済的な事情から島の外に出たことがない若者が多い中で、こうした「代表団」として島の外に出ることは魅力的で大変誇らしいことである。

　ルーツ的に「チャモロ」でなくても、チャモロダンスが好きで、チャモロ文化への尊敬の姿勢を持つことで、チャモロダンスへの参加は可能であり、チャモロダンス人口は増えている。しかし、いっときの習い事としての関わりは多いが、継続して続ける人は多くない。子どもであれば成長とともに人前で踊ることへの恥ずかしさを感じるようになったり、スポーツなど他のことに興味が移ったりする。小さな島とはいえ、練習に参加するための親の送り迎えの負担がある。高校卒業段階まで続けたとしても就職や進学とともに離れてしまう。指導者たちは、チャモロダンスを通して文化の継承や言語保持を願い、プロのパフォーマーを育てることが目的ではないので、関わってきた教え子が活動から離れていく寂しさを堪えつつ、日々の教育活動に取り組んでいる。

　グマによっては、子どもたちのための習い事という感覚にならないように、ペアレンツグループを作り、大人もパフォーマンスを楽しむことができるような工夫や参画型の運営を模索している。そうすることによって親子・家族ぐるみで楽しむことができる。パフォーマンスの機会が増え、メディアへの

4. チャモロ・アイデンティティの覚醒

露出が増えれば、当然指導者たちも忙しくなる。数年間続けた生徒がようやく幼い子どもたちの指導にあたる力がつき、将来の担い手として期待をした途端に離れてしまうことの繰り返しに、指導者たちが心身の疲れを互いに癒すことも心がけているようだ。

指導者の苦悩として、新しいメンバーを迎えては見送ることを繰り返す心の負担だけではなく、継続することの困難にも向き合わなければならない。チャモロダンスは、文化の保護、保持、次世代への継承が目的であり、ビジネスにする有料のスクールではないので、すべてがボランティアワークで賄われる。衣装の製作、楽器の購入、道具の補充、パフォーマンスに使用するアクセサリーの用意、移動に伴うガソリン代などにかかる費用をどのように捻出するかを常に考えなければならない。衣装については、個人で購入してもらう場合、経済的に負担をかけずにすむような価格のものにしなければならないので豪華なものにはできないし、数年で辞めてしまったり成長とともにサイズが合わなくなったりするので、用意しても用意しても衣装が足りないことが常態化する。指導者がすべてを用意すると負担は大きく、管理も大変になる。「月謝」はないので購入の費用は

保護者の理解や参加が子どもたちの継続の鍵となり、より結束したグマとなる。2017年、グアムにて。

活動を支える食事、来客を迎えるための台所裏では家族が活躍する。2017年、グアムにて。

来客時のご馳走は人びとを笑顔にするだけでなく、富の配分、食の共有としてのチャモロ文化の実践である。2017年、グアムにて。

どのファファナグエの自宅にも倉庫があり、物品が管理・保管され、衣装が収納されている。生活スペースを圧迫しているが仕方ない。2017年、グアムにて。

楽器を用意し、ミュージシャンを育てるのもファファナグエの仕事。2017年、グアムにて。

すべて指導者の自己負担となる。パフォーマンスを引き受ければ、その都度参加できる子どもの把握をして、保護者に送迎を依頼し、パフォーマンス前後の子どもたちのケアを担当する大人を配置しなければならない。来客が来ればその予定に合わせてもてなしの食事の準備もある。練習場の確保にも苦労をしている。ジャンベやドラムなど大きな音がするため、苦情もある。学校を拠点にしていても、他の教師からの苦情や、夕方や夜の練習には冷房などの光熱費がかかること、警備員の時間延長勤務費が発生することなどがあり、校長や地域の理解がなければ実現できない。村のコミュニティセンターなどを自由に使えるグマもあるが、指導者のクラン（氏族）がその村で昔から社会的ステイタスを保持してきたことなどが背景にある。指導者だけではなく、指導者を支え、時には仲間となって活動に参加する世代もそれなりの負担はかかる。集まれば交通費や食費の支払いがあり、自分の時間も減る。指導者や活動をリードする人びとの家族の理解や支援も重要である。

　こうしたことに耐えて継続することができるのは、チャモロダンスを通してチャモロ文化の保持を担うのだという自己意識と、自分の生き方に信念を持ち、そこに集う人びとと共に協働して自分が帰属意識を持つコミュニティを維持したいという願いからに他ならない。

5. マリアナ諸島、本土への広がり

5.1. 北マリアナ諸島のチャモロダンス

　北マリアナ諸島はもともとチャモロの島であったが、植民地主義、グローバル化の中で、多文化化した。サイパン、ティニアン、ロタの島を含む北マリアナ諸島の場合、1990年と2000年を比較すると人口は増加しているが、その後の景気の後退や台風被害によって中国や韓国から来ていた外国人人口が激減し、島民の流出も続き、全体的な流れとして増加傾向にあるとは言いがたい。

　しかし、北マリアナ諸島では、韓国人や中国人が経営する小さな商店、フィリピン人が経営する飲食店、日本人が経営する宿泊施設やダイビングショップなどが増えている。近年では、ホテル従業員としてフィリピンからだけではなく、バングラデシュからの労働者も流入し、またカロリン諸島からの移住者も増加し、多文化化は一層進行している。特にサイパンは、チャモロ語、タガログ語、カロリン語、ウルドゥー語、ヒンディー語、韓国語、中国語、日本語がとびかう多文化多言語社会となっている。ローカル・アイデンティティとして新しく「チャモリニアン」という言葉が生まれている。チャモロとカロリニアンの混血だけを意味するのではなく、チャモロ文化とカロリニアン文化の混合も意味する。CDショップでは、音楽のジャンルとして、

チャモロ、カロリン、チャモリニアンのコーナーが並ぶ。

　サイパンの繁華街ガラパンのナイトマーケットでは、チャモロダンスやカロリンダンスのグループがパフォーマンスをしている。カロリン諸島からの人口の増加によってカロリン文化が栄えている。サイパンの学校では、チャモロ語もしくはカロリン語の必修クラスを選択することができる、もしくはどちらかの言語教育を行っている学校を選択して通うことになる。カロリン文化が活発化する中で、毎年サイパンで開かれるフレームツリー（火炎樹／南

Mariånas
（マリアナ諸島）

Tony Mantanona

Mariånas gi tasi'n Pacifico sen gatbo na tano
Mariånas, islas i Chamorro tano-hu, Mariånas
An man guiafe i manglo man baila tronko siha, Mariånas, iya Mariånas
An Uchan sen fresco, ya dokko i isa, Mariånas, iya Mariånas
Paopao i aire ginen i flores shiha, Mariånas, iya Mariånas
Man ganta paluma, man gupu gi oriya, Mariånas, iya Mariånas
Trankilo yan Guaiyayon, Minagof i sinente
Respetu inafamaolek, giya Mariånas

マリアナは太平洋の島　平和なところ
マリアナはチャモロの島　私のホーム
風がそよぎ木が揺れる　マリアナ　ここはマリアナ
雨がふり清々しい　虹ができる　マリアナ　ここはマリアナ
花の香がする　マリアナ　ここはマリアナ
鳥が歌い飛び回る　マリアナ　ここはマリアナ
静かで愛しい　誰もが愛を感じる
助け合いを尊敬する　ここはマリアナ

　2010年にサイパンで行われたフレームツリーフェスティバルで、北マリアナ諸島の子どもたちと共に歌うことを願ってマンタノニャ氏が作曲した。

洋桜)フェスティバルでチャモロ文化の存在を主張すべく、グアムから応援を送るようになってきた。北マリアナ諸島のチャモロとグアムのチャモロは、微妙なライバル意識と自分たちの方が「よりチャモロ文化を残している」というプライドを持っているが、こうしたときの協力はチャモロの絆意識を発揮するようだ。

近年では、グアムからチャモロダンスの大会で優勝したグループがサイパンに代表として出かけてパフォーマンスや交流活動を展開している。しかし、滞在に関わる全ての費用を助成してもらえる訳ではなく、自己資金も用意しなければならず、洗車をして小遣いを稼いだり、パーティを開いて費用集めを行ったりする自助努力もしなければならない。

以前サイパンには Inatuas というグマがあり、ナイトマーケットではグアムと同じ曲、ほぼ同じ振り付けのパフォーマンスをしていた時期があった。また、ティニアンには Taotao Taga というグマがあり、ダイナスティホテル(現在営業停止)でグアムと同じナンバーでパフォーマンスをしていた。いずれも指導者はラボン氏に教えを受けていた。しかし、指導者が島を離れるなど、チャモロダンスの活動は影を潜めてしまった。

ルイス・J・カストロ(Luis John Castro)氏が率いるグマ・シミザン・マニャイナタ(Guma' Simiyan Mañaina-ta)は 2014 年から活動を開始し、グマとして活動を継続し、サイパンでのチャモロに関するイベントなどでパフォーマンスを披露するようになってきた。中学生、高校生のメンバー 20 人程度が在籍し、そのうち半分は他の島やフィリピンからの移民で、特にチャモロへのアイデンティティが強いわけではなく、友達と一緒に踊ったり、ショーに出たりするのが楽しい、という感覚の子も多い。練習よりも遊ぶ時間が長く、集中も持続しにくい。グアムと異なり、子どもたちにとって「かっこいい」「素敵な」チャモロダンスを見る機会がサイパンではほとんどないことから、目標を持ちにくいという現実がある。

こうした状況の中で、指導者であるカストロ氏は一人でジャンベを叩いて歌を歌い、指示を出して、苦労をしながらも根気強く取り組んでいる。筆者らが 2017 年夏に訪問して練習に参加したときには、カストロ氏を支援する、

Fino CHamoru
（チャモロ語を話そう）

Joseph Peredo

Ketungo' i fino CHamoru, este fino' måmi sen gåtbo
Para un tungo' ham siempre para un tungo' i kustombre. ★ Sainanmåmi
Ketungo' i fino' CHamoru, para un tungo' ham man natibu
Lengguahen lima na Tåno', i fino' måmi man CHamoru   ★ Sainanmåmi
Uniku na taotano gi paraisu, Saipan, Tini'an, Luta, Guåhan yan Pågan
Yan i pumalu natåno', Tåno' Mariånas un lengguahi ★ Sainanmåmi × 2
★ Sainanmåmi, Sainanmåmi, homhom mo'na chålanmåmi.
I naham i famagu'onmu hamyo guini in atani, Hami mo'na chålanmåmi.
Sainanmåmi.

チャモロ語を学びます　それはとても美しい言葉です。
自分が何者であるかを知り、文化を知ることができるのです。
チャモロ語を学びます　わたしたちが先住民族であることを知り、
五つの島で話される一つの言語、それはチャモロ語。
楽園のある人たち　サイパン、ティニアン、ロタ、グアム、そしてパガン
そして他の島々、一つの言語、マリアナ諸島
★ 先人たち目上の人よ、私たちの道は暗闇に向かう。
光で照らしてください　あなたたちの子どもを。
向かうべき道へ導く目となってください。
先人たち目上の人よ。

5. マリアナ諸島、本土への広がり

ウリタオのダンスの練習に参加して指導を助ける。2017年、サイパンにて。

グマの保護者と交流を持ち、理解し合う。2017年、サイパンにて。

もしくは生徒を直接指導する場面が発生した。筆者らの方がチャモロダンス歴が長くスキルがあったからである。カストロ氏は援軍が来たかのように私たちと共に生徒を熱く指導していた。その様子を見ていた保護者が、「自分たちが情けない。チャモロなのに、日本人からチャモロダンスを教えてもらうなんて。彼らのチャモロ語の方が上手だ。(戦争を踏まえて)嫌味を言っているわけではないんだよ。素直にそう思うんだ。これがサイパンの現実なんだ。もっと頑張らなくてはならないと心から思うよ」と打ち明けた。このグマの良いところは、子どもの活動を見守る大人が「運営委員」を組織し、メディア担当、保護者リーダーなどの分担があり、共同体の中でグマを育てている点である。

フレームツリーフェスティバルでの活躍と同時に、グアムからのグマとの交流活動によって、マリアナ諸島のグマの連携が生まれ、サイパンの活動の励みになるだろう。

5.2. アメリカ本土での普及

軍関係の仕事による異動、進学や就職でグアムを離れるチャモロは多い。カリフォルニア州、ワシントン州、テキサス州に比較的まとまったチャモロのコミュニティがある。その中で、チャモロダンスに本格的に取り組んでいる団体が三つある。カリフォルニア州サンディエゴを拠点とするグマ・イマヘン・

カリフォルニア州で開催されたチャモロ文化フェスティバルのポスター。

タオタオ・タノ（Guma' Imahen Taotao Tano'、2002年設立）、同じくカリフォルニア州ロングビーチを拠点とするコトゥラン・チャモル（Kutturan Chamoru、1993年設立）、ワシントン州タコマを拠点とするグマ・イマヘ（Guma Imahe、2012年設立）がアメリカ本土で活動してきた。ウノ・ヒット（Uno Hit）はThe Kutturan Chamoru Foundationが推進してきたチャモロ文化活動のうち、ダンス部門が2016年に独立した組織である。最近ではテキサス州のグループ、グマ・ファマグウン・グアハン（Guma Famagu'on Guahan）が活動を始め、その他に初めてアメリカ東部ノースカロライナ州でもチャモロダンスのグループが活動を開始したようだ。

　2018年3月にカリフォルニア州立大学サンマテオ校で、サンディエゴのグマ Guma' Imahen Taotao Tano'がチャモロ文化フェスティバル（Chamorro Cultural Festival）を主催して、グアムからラボン氏を呼び、タコマのグマ、ロングビーチのグマが集結して、合同ワークショップやパフォーマンスショーを行った。サンディエゴのグマを率いる指導者マンタノニャ（Rosemary Mantanona）氏はグアムへも度々戻り、Pa'a Taotao Tanoとの連携を深めている。そして地域行事への参加に積極的で、サンディエゴ・アジア文化フェスティバル（Asian Cultural Festival of San Diego）、アリゾナ・アロハ・フェスティバル（Arizona Aloha Festival）、多文化フェスティバル（Multicultural Festival）、サンディエゴ・湾岸アロハ（San Diego Aloha by the Bay）などのイベントに参加して、チャモロダンスのパフォーマンスを披露している。グアム政府観光局も彼らの活動を支援しながら、本土でグアムの魅力を発信し、グアムへの来島者を増やすべく努力をしている。

　こうした目に見える形でのチャモロの文化的活動は、グアムから離れて周

辺化しているチャモロの人びとにとって嬉しいことであり、自らのチャモロ・アイデンティティを感じたり、チャモロ・ネットワークを作ったりする場にもなっている。グアムからの応援参加者もいて、グアムとの連帯も深まっている。SNSの発達によって、Facebookなどでグアムと本土のグマの様子が互いにオンタイムに伝わり、支え合うことができているようだ。グアムは太平洋の前線基地であり、中東戦争への拠点になっているにもかかわらず、アメリカ本土で育つ多くの人はグアムという島や位置を認識していない場合が多い。ましてや「チャモロ」という先住民族の存在については、ほとんど知られていない。グアム出身のチャモロが本土で「どこの出身か」と聞かれて、「グアム島から来た。私はチャモロだ」と答えると、太平洋のどこかの島嶼国からの移民だと思われるそうだ。グアムはアメリカのコントロール下に置かれ、人びとはアメリカ合衆国のパスポートを持ち、米軍に従軍していても、「移民」と認識されて悔しい思いをすることが多いという。

　本土での彼らのパフォーマンス活動の様子を見ていると、彼らがancientの部と呼ぶダンスパフォーマンスが多い(1.2に詳細)。スペイン文化が入り込む前の時代のダンスで、女性は頭に花飾り、胴体にパレオ(一枚布)を巻き、自然素材で作ったスカートをつけ、裸足である。男性も上半身裸で、ふんどしを身につけ、トゥナスと呼ばれる長い棒を持っている。ジャンベのビートに合わせて迫力ある踊りを展開する。グアムでは見慣れた光景だが、「チャモロ」の名前もほとんど知られていない本土では、他者からどのように見えるだろうか。

　太平洋の人びとに関するステレオタイプ、コロニアルな見方についての研究はこれまでもたくさん示されてきている。日本でもNHK番組の「みんなのうた」「おかあさんといっしょ」で親しまれてきた「南の島のハメハメハ大王」はその典型とも言えよう。最近でもカバー曲として歌われている。描かれる人物像は、ロマンチック、のんびり、学校嫌い、怠け者、誰でも同じといった具合である。こうした日本人の太平洋諸島民へのまなざしは、明治以降の西洋諸国のまなざしを真似たところに起源を見ることができる。キャプテン・クックのハワイ上陸、マジェランのマリアナ諸島上陸によって、太平

> **南の島のハメハメハ大王**
>
> 　　　　　伊藤アキラ　作詞
> 　　　　　森田公一　　作曲
>
> 南の島の大王は
> その名も偉大なハメハメハ
> ロマンチックな王様で
> 風のすべてが彼の歌
> 星のすべてが彼の夢
> ハメハメハ　ハメハメハ
> ハメハメハメハメハ
>
> 南の島の大王は
> 女王の名前もハメハメハ
> とてもやさしい奥さんで
> 朝日の後に起きてきて
> 夕日の前に寝てしまう
> ハメハメハ　ハメハメハ
> ハメハメハメハメハ
>
> 南の島の大王は
> 子どもの名前もハメハメハ
> 学校ぎらいの子もらで
> 風がふいたら遅刻して
> 雨がふったらお休みで
> ハメハメハ　ハメハメハ
> ハメハメハメハメハ
>
> 南の島に住む人は
> 誰でも名前がハメハメハ
> おぼえやすいがややこしい
> 会う人会う人ハメハメハ
> 誰でも誰でもハメハメハ
> ハメハメハ　ハメハメハ
> ハメハメハメハメハ

洋諸島世界がどのようにヨーロッパに報告され、人びとの認識を形成していったか。イギリス、ドイツ、アメリカなどの列強が太平洋島嶼の取り合いをするようになり、植民地化する過程の中で、島の人びとは「文明化していない人びと」として扱われ、現代の観光産業化の中では「楽園の人びと」「美しい／太平洋的なダンスを踊る人びと」として位置付けられてきた。そうしたプロセスの中で出来上がった「太平洋の島の人びとは、原始的で露出度の高い服装で、男性はたくましく女性は官能的である」というステレオタイプなイメージは、固定化し、本質主義的な見方が社会に定着してしまう。

　さて、このようなものの見方を、アメリカ本土（西海岸）のチャモロダンスに当てはめて考えてみたい。彼らのパフォーマンスは、先に述べたように、ancientの部と呼ばれるものがほとんどである。自分たちもそのコスチュームでパフォーマンスすることを楽しみ、観客も同様である。その姿を見て「チャモロ」を感じ、「チャモロの存在」を確認している。しかしその「チャモロ」の衣装や、「チャモロダンス」は約30年をかけて「創られたもの」であり、文化でも伝統でもなかった。なぜ、現在の高齢者の世代に親しまれていたスペイン文化の影響を受けたメ

5. マリアナ諸島、本土への広がり

サンディエゴで開催されたアリゾナ・アロハ・フェスティバルでチャモロダンスを披露するGuma' Imahen Taotao Tano'。2017年、サンディエゴにて。

スティーサでのパフォーマンスはほとんど見かけないのであろうか。衣装を揃える費用の問題も予想されるが、やはりスペインの影響を受けた西洋風のものでは、パフォーマンスショーの中で「チャモロ」として周りの目を引くためにはインパクトが弱く、自分たちのアイランダーとしてのアイデンティティを誇示するためには物足りないのであろう。つまり「チャモロ」が、他者からも自らも「可視化」されることが重要なのである。

　こうした「可視化」をさせて存在や主張を訴えるために、本質主義的なまなざしに応えるようにあえてイメージ通りのコスチュームを着て人前に出ることを「戦略的本質主義」という。本土でチャモロダンスの活動をしている三つのグマのリーダーたちは、「戦略的本質主義」という考え方に則っているわけではなく、経験と勘によって、インパクトがあり皆が喜ぶスタイルのパフォーマンスを展開していると思われる。それが結果的に「創られたもの」を伝統的と思わせる（思い込む）パフォーマンスによって、「戦略的本質主義」のようになっていると言えよう。今後、アメリカ本土の三つのグマが、ユニークなチャモロ文化を謳うダンス集団として存在するか、ハワイのフラを取り入れて汎太平洋文化集団として存在する（ワシントン州のグマがすでにその傾向にある）か、先住民の権利や主張を訴える政治的闘争も含む集団となるか、興味深い。

6. グアム・太平洋芸術祭とチャモロダンス

6.1. 太平洋芸術祭による刺激

　太平洋芸術祭（Festival of Pacific Arts、以下 FestPac と略す）は太平洋諸国の間で 4 年に一度オリンピックの年に開催される大きな行事であり、約 2 週間にわたって開催される。「植民地の自立、自律を助けてきた南太平洋委員会が実質的な音頭取りを行っているが、それぞれの大会は開催国が独自に計画・実行するものとなって」（山本真鳥 2016: 217）いる。どの島（国）にとっても FestPac で示す「伝統文化」のあり方、アートの選出、代表団の構成など、誰がどのように示すか、という視点で議論する機会となっている。

　これまで、第 1 回フィジー（1972 年）、第 2 回ニュージーランド（1976 年）、第 3 回パプアニューギニア（1980 年）、第 4 回仏領ポリネシア（1985 年）、第 5 回オーストラリア（1988 年）、第 6 回クック諸島（1992 年）、第 7 回西サモア（現サモア独立国、1996 年）、第 8 回ニューカレドニア（2000 年）、第 9 回パラオ（2004 年）、第 10 回米領サモア（2008 年）、第 11 回ソロモン諸島（2012 年）で開催され、第 12 回の 2016 年はグアムがホストとなった。グアムの他、米領サモア、オーストラリア、クック諸島、イースター島、ミクロネシア連邦、フィジー、仏領ポリネシア、ハワイ、キリバス、マーシャル諸島、ナウル、ニューカレドニア、ニュージーランド、ニウエ、ノーフォーク島、北マ

リアナ諸島、パラオ、パプアニューギニア、ピトケアン諸島、サモア、ソロモン諸島、トケラウ、トンガ、ツバル、バヌアツ、ウォリス・フツナの合計27の太平洋諸国および地域が参加した。また、オブザーバーとして、台湾の先住民も参加している。パラオ大会の時には、小笠原諸島の南洋踊り保存会を中心に日本からも参加して、南洋踊りのルーツや太平洋島嶼との関連を追究している。これは小西潤子（2005）に詳しい。

初期のころは、オーケストラやバンド、サーカス団などを代表として送った島もあったが、現在では代表団は先住民を中心に、伝統文化芸術活動に携わる人が参加するようになっている。これまで太平洋芸術祭については、飯高伸五（2008）「第9回太平洋芸術祭の裏側——パラオ共和国オギワル州におけるギルガムラス公園の造成」、長嶋俊介（2004）「第9回太平洋芸術祭——パラオでの喜びと学び」、山本真鳥他（2001）『太平洋島嶼国における芸術とアイデンティティ——太平洋芸術祭を焦点として』、中島洋（1997）「第7回太平洋芸術祭」、田中正智（1993）「ラロトンガの夢——新浦島物語（第六回太平洋芸術祭を見て）」、橋田寿子（1981）「太陽・海・カヌー——南太平洋芸術祭」などに示されている。

太平洋島嶼の多くでは、植民地支配のもとで禁止された伝統的な生活実践や踊りなどは壊滅的な状況となったが、観光開発やこの芸術祭が契機となり、ダンスの復興や新たなアートの創造が行われている。こうしたプロセスの中で、各島嶼が何を「伝統的な」音楽やダンスとして芸術祭で示すかということは、伝統文化の創造やアイデンティティ育成と大きな関わりがある。

特に、グアムにおいては、4年に一度の太平洋芸術祭との関わりによって、チャモロ文化のあり方（保持、再生、創造、普及など）を問われ続けたと同時に、芸術祭と共に成長してきたとも言えよう。当初、戦後のアメリカ統治によってアメリカ化されていたグアムから、芸術祭でチャモロの伝統文化として示せるものは何もないに等しかったという。そのグアムが、2016年にホスト国として、自らの島で太平洋芸術祭を迎えることは悲願でもあり、挑戦でもあった。そして、移民が流入してチャモロ人口率が45％を下回っている状況で「チャモロの島グアム」を取り戻し、太平洋の他の島にチャモロの存

在を示す絶好の機会でもあった。

　FestPac 期間中、メイン会場のフェスティバルビレッジの他、パセオ球場特設ステージ、グアム博物館脇野外ステージ、グアム大学、アガットのサガンビスタ会場、サガン・コトゥラン・チャモル会場、ファーマーズコープ会場、イナラハンのゲフパゴ会場、ハガッニャのショッピングセンター内会場、図書館会場、チャモロビレッジ、エンジェルサントス・メモリアルパーク会場などで、各種のパフォーマンス、ストーリーテリング、講演、ワークショップ、展覧会などのプログラムが用意され、島中で太平洋芸術祭が花開いた。

　ラボン氏率いる Taotao Tano がグアムでチャモロダンスの牽引役を担うことになり、ラボン氏が第6回、7回の芸術祭で振り付けを担当し、第8回からはダンスの総合監督として活躍してきた。安井眞奈美（2003）によると、第7回芸術祭のときには4つのダンスグループのうち2つのグループからメンバーが集められ、臨時の総合グループが結成され、第8回芸術祭では、4つのグループの中から16歳以上の希望者を募集して選別し、チームが作られる方法がとられたという。準備委員会は、芸術祭参加者が、その後に自分のチームに戻り、啓蒙活動にあたることを期待したという。そして、第8回ニューカレドニア芸術祭では、ラボン氏を中心に代表者の選定が行われた。その選抜の条件は、①チャモロ文化についての知識があるかどうか、②プロフェッショナルなダンサーであるかどうか、という2点だったという（安井 2003: 46）。

　2016年の太平洋芸術祭はグアムがホストアイランドであった。3年ほど前から、パフォーミングアーツ、ビジュアルアーツなど各部門、下位部門のワークショップが重ねて行われて、共通理解を深め、リーダーの意向を伝える機会が設けられた。開会式、閉会式、期間中のパフォーマンスについては、2年ほど前から組織的な準備が始まり、ラボン氏が開会式と閉会式の指揮をとることになり、2週間の期間中の指揮はチャモロ

200人が参加する週1度の合同練習が1年続けられた。

ダンスのマスターの称号を持つメノ氏が指揮をとり、チャントグループの I Fanlalai'an のリーダーであるイリアティ氏（チャントのマスターの称号を持つ）と協力する形で進められた。1年前後の準備期間中には、普段交流がほとんどない Pa'a Taotao Tano 系列のチャモダンサーと I Fanlalai'an のパフォーマーが練習に見学・参加するなどして相互交流をはかる場面もあり、良好な関係の中で独自性を保つ努力がなされていた。

6.2.「再創造としての伝統的なチャモダンス」の完成

グアムはミクロネシアの島々、フィリピンからの移民の流入、日本に加えて近年存在感を増してきた韓国・中国からのリゾート関連産業の従事者、米軍基地勤務者などの増加や、チャモロの本土移住者の増加により、多文化化が進行した（中山 2010: 33）。1980年代以降、チャモロ文化復興運動の継続、チャモロ語の公用語化、学校教育におけるチャモロ学習必修化など、チャモロ文化保持が取り組まれてきたものの、民族自決運動や先住民運動を牽引してきた活動家の高齢化などにより、「グアム＝チャモロの島」という構図や、人びとの認識が希薄化してきていた。こうした流れの中で、太平洋芸術祭は、文化的な「芸術祭」というソフトな枠組みを利用して、チャモロの主張・存在を全面的に押し出し、島内で進行する多文化化容認にブレーキをかける機能を果たした。

グアムでは秋に開催される日本人祭りは大きなイベントとして親しまれている。島在住のミクロネシア出身のカロリニアン人口も高くカロリニアンの文化活動も存在する。毎年政府観光局によって開催されるグアム・ミクロネシア・アイランドフェアでは、島在住の出身者が活躍する。しかし、太平洋芸術祭では、グアム島内の文化多様性はまったく影を潜め、「グアム＝チャモロ」が強調された。

今回の太平洋芸術祭の運営は、2011年8月4日、知事が選出した芸術祭組織委員会、島内指導者による会合で開始された。ここで、マリアナ諸島の先住民族であるチャモロを表出すること、西洋の影響によってチャモロと

他太平洋諸島とのつながりが失われてきたことが確認され、テーマ "Håfa Iyo-ta, Håfa Guinahå-ta, Håfa Ta Påtte, Dinanña' Sunidu Siha Giya Pasifiku (What We Own, What We Have, What We Share, United Voices of the Pacific)" が掲げられた。その詳細は以下である。

> What we own (I Pa'an Taotao Tano')
> What we have (I guinahan i Tano' yan i Tasi)
> What we share (Inafa' Maolek)
> United voices of the Pacific (Taihinekok)
> 我々の生き方、先住民族としてのアイデンティティ
> 何千年も我々を支えてきた島と海洋の資源
> チャモロがすべてに与えるホスピタリティと親切
> 終わることのない生きる営み、我々からの、我々への尊敬

2016年太平洋芸術祭のロゴ。

ここからも、我々＝チャモロであり、他の人びとは含まれていないことが明確である。芸術祭のロゴは一見、参加国・地域のどの人びとにとっても共有されるデザインであるが、チャモロの強い主張が込められている。中心デザインはチャモロのシンボル的なラッテストーンをモチーフにし、頭のようにみえる部分はチャモロ独自の戦闘用武器であるスリングストーン、グアムで生命の木とされるココヤシの木と、海洋民族の象徴である海とアウトリガーカヌーが描かれている。ここにはグアム文化に色濃く反映している西洋は一切排除され、現代的な文化多様性も含まれていない。

「チャモロ」を全面的に押し出す芸術祭を機に、アイデンティティの育成が図られた。まず、チャモロ文化推進を担うアーティストの育成と保護にむけた取り組みが行われた。文化的活動では生計を立てることができず、また作品を発表して注目を得る機会がないアーティストに、芸術祭での共同展示会

6. グアム・太平洋芸術祭とチャモロダンス

の開催などのイベントを通して、意欲を継続させ、自尊心を高める工夫がもたらされた。事前ワークショップが重ねられ、「チャモロ文化を担うアーティストである」という意識の涵養も図られた。

　一方、子どもたちへのチャモロ文化意識の高揚も教育を通して行われた。学校教育においては、通常の必修チャモロ学習が継続的に行われる他、教育委員会が中心となって、チャモロの伝説をテーマにしたアニメ映画 Maisa（マイサ）を製作して普及させるという教育活動の他、行事への積極的参加を推奨した。また、学校を島外からの代表団の宿泊施設として開放して、ホスピタリティを発揮した[*]。ラボン氏の采配のもと展開されたチャモロダンスのパフォーミングアーツの開会式、閉会式、期間中の各会場でのチャモロダンス発表では、子どもたちが数多く参加し、大人と共に準備期間から芸術祭期間中に「チャモロの代表」として活動をすることを通して、アイデンティティを高めていく様子が垣間見られた。特に、他の国・地域からの代表団のパフォーマンスを見ることによって、チャモロの独自性や共通性を見出すことができた。学校教育課程における教室でのチャモロ文化学習では感じることができないダイナミックな視点や、文化が生きている感覚を得ることができただろう。他の島からの移民の子どもたちには、出身島の代表団を応援して関わりを持つことを推奨し、自文化アイデンティティを持つことを肯定して文化尊重の姿勢を育てる一方で、グアムの文化を担うのはチャモロであるという姿勢が明確に示されていた。

　開会式と閉会式のチャモロダンスは、ホストアイランドだけあって、華やかなセレモニーショーを行う必要があり、大人から子どもまでがパフォーマーとして求められた。しばらくチャモロダンスから離れていたパフォーマーも、子どもも皆でトレーニングを積んで開会式、閉会式に臨んだ。各グマで個別に学んでいる子どもたちには、グマ独自の練習やグマの表現スタイルによって、

---

[*] 芸術祭期間中とその前後、学校は閉校となり、中学・高校の295教室がグアム代表500人、島外代表2500人の臨時宿泊施設となった。宿泊施設となった学校を管理維持するために教育委員会所属の95〜98%の教員が、通常の勤務とは別に24時間を3交代制で雇用された。

開会式でのチャモロダンス・パフォーマーの入場の場面。

開会式における文化の引き継ぎを象徴する子どもの参加。

同じ曲でもパフォーマンスの差異が生じていること、チャモロダンスから離れていた人びとの再教育が必要なことから、1年前から週に1度のペースで、メノ氏の指導のもとで基礎練習からセレモニーで披露される曲の練習が200人規模で行われた。そのプロセスは、単にパフォーマンス技術の統一や向上だけではなく、チャモロ・アイデンティティの強化の側面もあった。チャモロとして太平洋島民や観光客に存在を示すこと、この芸術祭に参加する意義が繰り返し語られた。期間中のチャモロダンスのパフォーマンスは、島内の4ヶ所を会場に連日行われ、グマの指導者を中心に構成されたグループが担当をした。

　開会式・閉会式でのパフォーマンスへの子どもたちの積極的な登用は特徴的であった。セレモニーにおいて、年少の子どもが、将来のチャモロ文化を担う存在として象徴的に入場するという場面も設けられた。太平洋芸術祭と共に開花したカルチュラルルネッサンスによって創られた「チャモロ文化」を次世代に引き継ぐという意味でも子どもたちの参加は大きな意味を持った。

　開会式で大きく取り上げられた曲「フウナとプンタン」は、グアムの創世物語をダンスで表現したものであり、グアムの公立小学校における必修のチャモロ学習でも Pa'a Taotao Tano に所属する教師によって教えられている。

　「フウナとプンタン」は、古くからチャモロに伝わる伝説であり、パフォーマンスのために創られた物語ではない。伝説に踊りをつけることによって、伝統的な踊りであると見なされるようになったと言えよう。

6. グアム・太平洋芸術祭とチャモロダンス

　開会式のパフォーマンスでは子どもたちが何十人もショーに参加した。1970年代以前の「伝統的なチャモロダンスはなかった」時代を知る世代は、現在グアムで踊られているチャモロダンスが創造されたものであること理解しているが、定着してきた1990年代以降に生まれた世代は、踊られているものが「伝統的なチャモロダンス」と

開会式で物語られた火の神チャイフィ（左）と創世物語の主人公フウナ。

認識した可能性が高い。ここ数年間にチャモロダンスを始めた小学生世代のほとんどは、現在学んでいるチャモロダンスは「伝統的なもの」と信じている。政府観光局もチャモロダンスについて、日本を始め、島外でグアムを特徴付ける文化として紹介するときに「古くから伝わる伝統的なチャモロの踊り」という表現を使っていることから、ますます「伝統的なチャモロダンス」の側面が強化されている。ラボン氏は、調査や研究をふまえて創ったダンスであることを隠さないし、古来のダンスは文化的虐殺によってほとんど消滅していたことを明らかにしている。しかし、子どもたちにこうした説明が行き届くはずはなく、また深い関心をよせずにチャモロダンスを踊っているパフォーマーも、意識を持たない限り、創られたものであることを忘れ、「チャモロダンス」として認識し、それを踊る「我」のチャモロ・アイデンティティを高めてさえいると言えよう。

　そして、この太平洋芸術祭で、年配の世代から若い世代までが一斉に「チャモロダンス」を踊り、同じ曲を同じ振り付けで踊ることにより、世代を継承してダンスが存在しているというリアルな実感が伴い、「創られた伝統」「創られた伝統的なチャモロダンス」が結果としてこの太平洋芸術祭をもって「完成した」と言えよう。

　夢のように華やいだ芸術祭終了後、たくさんの不満が実行員会に向けて噴き出したそうだが、それでも2018年1～4月には芸術祭を記念した企画展示 Treasures of FestPac やチャモロ文化に関する関連行事がグアム博物館で

特集され、再び人びとが思い出に浸った。1月27日にはラボン氏を招いてのチャモロダンスの講演会、2月18日は太平洋芸術祭実行委員会よりアート部門のリーダーたちを集めてのシンポジウムなどが開催され、チャモロ文化と太平洋芸術祭の役割について語られた。

　グアムで開催されたこの太平洋芸術祭が、芸術の祭典としての祝賀的なイベントではなく、チャモロ・アイデンティティの育成の装置として機能したこと、対外的にグアムが先住民チャモロの島であることを主張することに成果をあげたということが言えよう。

太平洋芸術祭を特集したグアム博物館の企画展示 Treasures of FestPac のポスター。

6. グアム・太平洋芸術祭とチャモロダンス

Chaife' Anten Måmi
(チャイフィ、我らの魂(スピリット))

Peter Onedera, Frank Rabon, 1996

Chaife' anten måmi   Chaife' mi metgot måmi
Chaife' mangguaifi   Chaife' mangguaifi
I tano' ha'na maipe   I tano' ha na maipe
Gumupo' hulo' i apo   Gumupo' hulo' i petbos
Gumupo' hulo'i guafi Kahulo'i a cho'
Chaife' mangguaifi   Chaife' mangguaifi
Chaife' anten måmi   Chaife' metgot na aniti

チャイフィ、我らの魂　チャイフィ、我らの強さ
チャイフィ、大地の奥深くから吹く　魂から生まれた
大地は深みから遠く進む
しぶきが高く舞い上がり、ほこりも高く舞い上がる
形作られ始め、人びとが建てるラッテストーンが生まれる
チャイフィ、大地の奥深くから吹く　魂から生まれた
チャイフィ、我らの魂　チャイフィ、我らの強さ

この曲は1996年に西サモア（当時）で開催された第7回太平洋芸術祭で披露された。オネデラ氏による作詞、ラボン氏による振り付け。チャイフィとは火の神を意味し、火山でできたマリアナ諸島の一つの象徴である。

7. チャモロダンスと観光産業

7.1. グアム政府観光局との連携

　グアムがチャモロの島であり続けるためには、島の中で主張し続けるだけでなく、「グアムはチャモロの島である」という外部のまなざしを作ることも必要である。そのために「観光」は大きな役割を果たす。1970年代からグアムのリゾート開発が本格的に始まり、日本の経済発展によって日本人観光客が訪れるようになり、1990年代後半〜2000年代には淡路島とほぼ同等の面積のグアムに年間約95万人の観光客が日本から押し寄せていた。当時の日本はトロピカルリゾートの雰囲気をグアムに求め、ホテルが立ち並ぶ繁華街はブランド品を買い求める日本人が闊歩していた。しかし、グアムの人びとのチャモロ・アイデンティティの高まり、他の太平洋諸島が観光産業において自らの独自の文化を全面的に押し出して成功していること、東南アジアのリゾート開発が進み競合が激しくなったこと、日本人の旅行スタイルの個別化・多様化などの背景から、グアムの主要産業である観光について見直しが図られた。

　そこで、グアム政府観光局は、積極的に「チャモロ文化」をPRするようになった。観光客にわかりやすい文化的要素は、食と芸能である。そこで政府観光局は芸能として成熟してきた「チャモロダンス」を文化的アイテムと

して売り出すことにしたのである。グアム政府観光局の東京事務所も、日本人の旅行の個別化に応じて、リゾート地だけでない特色ある売り出し方を模索している時期であった。2006年まで日本人観光客の年間来島者は95万人を超えていたが、2009年には82万人まで減少した。そこで、フラ好きな人がハワイへ繰り返し旅行するように、フラという先住民族の舞踊がハワイの観光産業の特色をなしているように、チャモロダンスの観光化にあたって日本のフラ産業を一つのモデルとした。日本では「グアム」の島の名前こそ知名度は高いが、「チャモロ」「チャモロダンス」はほとんど知られていなかった。「チャモロダンス」を知ってもらうために、旅行産業博覧会でチャモロダンスのパフォーマンスを繰り返すことや、グアムに修学旅行に行く高校での事前学習会に政府観光局職員が出向いてチャモロ文化を紹介し、現地でのチャモロダンス体験を組み込むプログラムを提案した。また、東京でフラ教室の講師やフラ愛好者をターゲットにワークショップを開くことを考案した。それが2009年から始められたグアム・チャモロダンス・アカデミー（Guam Chamorro Dance Academy）である。

　グアム政府観光局の東京オフィス主導で、チャモロダンスの「マスター」の称号を持つラボン氏を招いて2〜3ヶ月に1回のペースで週末の2日間をかけてダンスレッスンを行い、チャモロダンスの普及を通してグアムの魅力を伝える企画が始まった。政府観光局は、「グアムで唯一のチャモロダンスのマスターの直接指導」[*]を掲げ、フラ関連の雑誌『フラヘブン』（フォーシーズンズプレス）と連携して宣伝をした。チャモロダンス知名度を上げるために、東京だけではなく、札幌、大阪、福岡などでもアカデミーを開催した時期もあったが、2018年現在は東京に絞って開催し、3〜4回のワークショップを経て、国際展示場で開催される「ツーリズムEXPOジャパン」でワークショップ参加者が「発表会」としてチャモロダンスを披露している。ワークショップへの常連参加者は、自分のフラ教室でチャモロダンスを教えたり、チャモロダンスのグループを作って各地で活動したりし始めている。普及具

---

[*] 現在、チャモロダンスのマスターの称号は、Eileen R. Meno氏が2013年に、Vincent J. C. Reyes氏が2015年に授かっている。

合は、当初政府観光局が目論んだレベルに達しているのかどうかはわからないが、今のところフラのように一般に広く認知されるまでには至っていない。

このグアム・チャモロダンス・アカデミーは日本での経験をもとに、観光客を取り込みたい台湾でも開催されたことがある。また太平洋芸術祭がグアムで開催される前に、芸術祭にパフォーマーとして参加者が増えることや、チャモロ・アイデンティティの高揚を意識してサンディエゴでも開催された。日本とサンディエゴでは、チャモロダンスグループとしてグアム政府やPa'a Taotao Tanoから認定を受けているグマがワークショップの運営を支援している。日本では、水戸に拠点を置いてチャモロダンスに早くから取り組んできたサンニコラス・野平麻美氏が支援し、アメリカではサンディエゴで活動しているローズマリー・マンタノニャ氏がコーディネートをしている。

観光産業によって島の経済を豊かにしようというグアム政府の経済戦略を推進しているのが政府観光局である。世界中のどの国も観光局を世界各地におき、自国の観光産業の活発化に精を出している。日本政府も観光大国になるべく「明日の日本を支える観光ビジョン構想会議」（2016年3月）を開くなど、国策としてのあり方を探っている。ここで考えるべきことは、「観光」というファクターを通した文化の表現と、市民レベルの文化は一致していないとうことである。先住民族の「文化」を観光の対象にすることに対する先住民族からの抵抗や問題提起がこれまでもなされている。自分たちの誇りやアイデンティティの証である文化を「消費」の対象にされることへの抵抗である。日本の先住民族であるアイヌも同じ葛藤を抱えている。例えば、日常の生活は周囲の人びとと変わらない服装をして生活しているが、ホテルやショッピングセンターなどで、アイヌらしい服装をして工芸品を売り、パフォーマンスをすることで「観光アイヌ」として揶揄されたり、見世物になること、見世物にすることでアイヌの仲間から文化を貶めていると批判されたりすることもあった。先住民族がホテルなどで観光客を相手にショーをして生計を立てることは、ネオコロニアリズムとも呼ばれる経済的植民地状態の促進に加担することである、と批判の声もある。

ラボン氏に対してもごく少数ではあるが批判の意見もある。「自分で創り出

したチャモロダンスなるものを使ってビジネスをしている」という意見である。これに対しラボン氏は明確な考えを示している。

　携帯電話、パソコン、インターネット、現代的な暮らしが当たり前になり、食料はスーパーかレストランでまかなえる。育てる、栽培する、海で魚を獲るような文化的な実践をするスローライフは現実的でなくなり、チャモロの生活実践を学ぶ機会はなくなった。チャモロ語を話さなくても英語で人びとは生きていける。チャモロとしての誇りを持て、と年齢が高い人たちは言う。しかし、若者はこの現代生活の中でどうやってチャモロの文化に触れたらいいのかわからないレベルにある。ビジネスで成功している人はどうやってチャモロ文化の保持に貢献しているのか？資金提供だ。それでも提供する先がなければそれも実現しない。チャモロの芸術文化を護って生きたい芸術家は、どうしたらよいのだ。工芸品を作っても売ることをしなければ作品を作り続けることはできない。ダンスを残したくても生活費を賄わなければ生きていけない。働きに出たらダンス生活はできない。シェラトンホテルでチャモロダンスを披露して、収入を得ることをなぜ批判されなければならないのか。ダンサーの生活を守らなければ、現代生活の中で彼らは文化的実践をすることはできない。

　政府観光局と連携することはよいことだ。グアムの外に先住民チャモロを知ってもらう機会だ。自分たちが行かなければ、これまでのリゾート紹介で終わってしまい、チャモロが生きていることを証明することはできない。自分たちは証明なんだ。ビジネスで儲けているというなら私の家に来てみるがいい。水道管の工事費を工面するのに苦労しているレベルの生活だ。自分は政府観光局と、台湾、韓国、日本、アメリカ本土、

チャモロが存在していることを島の外に出て証明することの重要性を話すラボン氏。2018年、東京にて。

と飛び回っている。チャモロダンスアカデミーで教え、イベントでは踊ることもある。自分が行かなければ、伝えることはできない。まずは外に出ること自体が、チャモロが存在していることを外の世界に証明することなんだ。自分は島の外に出るときに服装も髪型も変えない。都合よくチャモロであることとそうでないことを切り替えることはしない。自分が存在証明だからだ。外の世界で自分たちの言葉に耳を傾けてくれる人に出会い、知ってもらうことは何よりだ。だからこそ、チャモロ語を話すようになることを努力しないような人が、チャモロ文化を代表して外に出てチャモロを語ることはおかしいのだ。

(2018年4月、東京新宿にて)

7.2. 日本での普及

　これからの日本におけるチャモロダンス普及について考えてみたい。ラボン氏の主張の通り、日本の人びとがグアムの文化を知り、先住民族チャモロの存在に気づくことはよいことである。異文化を楽しみ、交流を図ることもよいことである。

　ここで、ハワイの先住民活動家でありハワイ大学で教鞭をとるハウナニ・ケイ・トラスクの主張に触れたい。彼女の主張は太平洋諸島民に影響を与え、グアムでも彼女の演説の動画などがSNS上でよく共有されている。

　トラスクは、年間約430万人が合衆国内から、約240万人が外国から観光客としてハワイにやってくる中で、約130万人を占める日本人が、他の地域からの観光客に比べてハワイに4、5倍近いお金を落としていくことに着目している。主な観光地では英語だけでなく日本語で表示が書かれていることや、ハワイでの宣伝が日本人観光客をターゲットにしていることが、この数字を物語っているとしている（Trask 1999: 21）。ハワイ先住民は巨大観光産業において自らがコントロールする力を持たず、「多国籍組織が我々の美を売り、世界の富裕者が2週間から4週間のパッケージでそれを買う。これらの外国人の多くは白人と日本人で、我々のホームランドの考え方をまるで彼

ら自身のもののように扱い、彼らの富の価値観によって訪れ、汚し、破壊する。我々先住の民の役割は、彼らの夢に色彩を与えて満足させるために彼らに仕え、訪問を待つことである。環太平洋地域を通して、先進国の旅行客は『アイランド休暇』の人種主義ファンタジーに金を払い、我々の海や陸を動き回って我々の文化を貶める。彼らが去った時、旅行客は我々の民や土地のことを何も学んでいない」（Trask 1999: 60–61）と痛烈に日本人観光客の姿勢を批判している。

またトラスクは、観光産業以外の日本の問題点も指摘している。ハワイ先住民にとっての漁業の重要性と海洋環境保護を訴える中で、タラワで開かれた第20回南太平洋フォーラムで、流し網漁の禁止に日本・韓国・台湾が反対し、太平洋での「小切手外交」を継続していることを指摘している（Trask 1999: 52）。また、アメリカ人と日本人による企業が低所得の先住民から土地を買収し、ハワイ島のコナ沿岸、モロカイ島の東端、マウイ島の西側などをプランテーション化やリゾート化してしまったとする（Trask 1999: 67）。ハワイ島コナ郊外のコーヒーロードと呼ばれるコーヒー畑一帯は、1825年に白人によってコーヒー植栽が始まり、サトウキビプランテーションから流入してきた日本人移民によって支えられて成長してきた。近年では、1989年にUCC上島珈琲がUCCハワイコナ直営農園を開園した他、ドトールコーヒーも1991年に直営農園を開園、隣接農園を買収し、メキシコ人移民を労働者に雇い、日本人観光客を相手にしたコーヒー産業を展開している。トラスクはさらに、日本人によるコロニアリズムの根は深く、サトウキビプランテーション労働者として流入した移民もまぎれもない植民者であると言う。先住民の土地や生活を奪った支配者であり、その子孫が現在ハワイっ子「ロコ」を自称し、ロコ文化の担い手であるという風潮に対して、ロコを名乗ること自体が先住民を否定する行為だと指摘する（Trask 2008: 50–55）。

シンプルに言うならば、トラスクは自身がハワイ先住民であるその立場から日本人観光客への苛立ちを示し、日本の企業がハワイで展開するビジネスを批判し、「本来のローカル文化の担い手はハワイ先住民」であると主張する。彼女はフラがハワイ先住民の大事なものだと言い、外部の人間がそれを

理解や尊重しようとする姿勢を否定はしないが、金儲けにフラを使う人びとを厳しく批判する。知識や技術を持たないハワイ先住民が、就労できずにフラの道に逃げ、指導者として日本人から崇められ富を蓄えることも批判する。「我々のホームランドの考え方をまるで彼ら自身のもののように扱い、彼らの富の価値観によって訪れ、汚し、破壊する。我々先住の民の役割は、彼らの夢に色彩を与えて満足させるために彼らに仕え、訪問を待つこと」という表現の中には、フラ産業に携わる日本の人びとも含まれるかもしれない。

　転じて、グアムのチャモロダンスのことを考えてみたい。そもそもここ30年で成長した「創られた伝統」ならば、ハワイとは状況が異なる、と考えることもできる。一方、チャモロダンスの背景がどうであろうと、先住民文化をよそ者である日本人が用いて利益を発生させることへの批判もあるだろう。ここで文化の「資源化」の論考を導入してみる。「文化」は誰のものか、「資源化」のあり方をどのように考えたらよいだろう。森山工は以下のように示す。

> 　「自分」が、「自分」の「文化」を、「自分」の「文化」として、「他者」を目がけて「資源化」する、などというのは、この自他の交錯という点では比較的シンプルな「資源化」の型であり、たとえば、何らかの集団が、自分たちの舞踊やら芸能やらの「文化」を、自分たちのものとして、観光客という外部の他者を目がけて、「資源化」するといった場合に、典型的に見られる「文化資源」の現れである。
>
> 　　　　　　　　　　　　　　　　　　　　　　　　　（森山 2007: 87）

　トラスクが批判した先のパターン、ハワイ先住民が、ハワイ先住民のフラという「文化」を「資源化」して日本人に向けて用いて財をなそうとしたことがあてはまる。しかし、同じ観光資源としての「文化資源」であっても、それを「資源化」する主体が当該集団の外部に位置する観光産業のアクターであれば、「誰の」という「文化資源」の所有主と「誰を目がけて」という「資源化」の指向対象が別の行為者となる。チャモロダンスで言えば、ラボン氏

をはじめとする Pa'a Taotao Tano のチャモロダンスを、政府観光局という観光産業のアクターが、観光客に向けて「資源化」するということである。
　森山は、さらに例示を重ねる。

　　たとえば、「自分」が、「自分」の「文化」を、「自分たち」の「文化」として、「自分たち」を目がけて、「資源化」する、というのは、エリート集団が自らの「文化」を「文化資源」として活用し、みずからを含んだ「国民」を目がけて「国民文化」を創出するプロセスにおいて出会われる事態である。

(森山 2007: 87)

　チャモロダンスで言えば、ラボン氏率いる団体が、チャモロという自分の文化を「文化資源」として活用し、自分たちを含むグアムの島民を目がけて「グアムの文化」を創出するプロセス、と説明することができる。森山 (2007) は、「文化」の「資源化」を行う行為者の複雑な交錯、行為者間の社会的・政治的・経済的諸関係も問題となると指摘する。つまり、チャモロダンスの「資源化」には、ラボン氏率いる Pa'a Taotao Tano という団体、グアムのチャモロ、グアムのチャモロ以外の人びと、グアム政府観光局、グアム以外の観光産業のアクター、観光客など行為者が考えられ、チャモロダンスをめぐる「資源化」は複雑であることがわかる。誰が、誰の文化を、誰に向けて、「資源化」するかによって、チャモロダンスの捉え方も多様性を増す。
　「日本」を行為者に含めるならば、日本の観光産業アクター、チャモロダンスを教室で有料で教える人、有料で習う人、無料で教える人、無料で習う人、観る人などが発生する。
　日本からグアムへの観光の要としてチャモロダンスを位置付けて、今後の日本での普及と商業化を促進することがよいのか。「資源化」がネオコロニアリズムに結び付く「文化の消費」になることを危惧して商業化をさせないことがよいのか、しかし、「商業化のない普及」はありえるのか。見解が分かれるところである。ラボン氏率いるチャモロダンスの世界では、ダンスを習う

ことに授業料や月謝は発生しない。指導者たちはすべて無料でチャモロダンスの学びの場を提供している。彼ら自身が舞踊という芸術を有料で「売ること」「資源化」をしないことで、文化を消費しないことを実践している。グアムでは、「自分たち」の「文化」として、「自分たち」を目がけて「資源化」できるが、日本の場合、日本人の私たちは自分たちの「文化」として、「自分たち」を目がけて「資源化する」ことは不可能である。日本人の私たちが、グアム・チャモロの「文化」として、「日本の人びと」（まれにチャモロの人びと）を目がけて「資源化」することを通して、①異文化理解・歴史認識を深める、もしくは②商業化する、ことのどちらかになるだろう。

Håyi Hami
（我々は何者か）

Taotao Tano Dancers, 1992

Håyi hami? i taotao tåno'	Håyi hao? Uritao
Ginen manu? i taotao tåno'	Ginen i tano', yan i tasi
Håyi tomtom, gi hilo' tano'	Håyi ha', Matua
Håyi mismo, gi hilo' tano'	Eyu i, Chamori!

我々は何者か？ 大地の人びと	あなたは何者か？ ウリタオだ
どこからやってきた？ 大地の人びと	大地から、そして海から
賢い者は誰だ？ この土地の者	誰だ？ マトゥア（チーフ）だ
選ばれし者は誰だ？ この土地の者	それは？ チャモロだ！

イナラハン高校の生徒と、Taotao Tano の男性ダンサーのコラボレーションによって作られた曲。

8. 「創られた伝統」は根付くのか

8.1. シナヒの議論

　グアムや北マリアナ諸島で、子どもから大人まで多くの男性が白い三日月型のネックレスを身につけているのをよく見る。この三日月型の首飾りはシナヒ（sinahi、新月の意）と言い、化石化した大シャコガイから作られている。昔、マガラヒ（Maga'lahi）と呼ばれる集団の男性リーダーが身につけていたと言われ、現在のように多くの人がファッションとして身につけるようになったのは比較的最近のことである。戦後、生活や文化のアメリカ化が進む中で、チャモロの伝統を重んじる一般の人びとでも身につけようとはしなかった。しかし、1960年代後半ごろから太平洋で広がった先住民運動に呼応するように、グアムやサイパンでも先住民族アイデンティティの覚醒が始まり、その象徴として昔のチャモロが身につけていた装飾品が着目されるようになってきた。運動家でもあり政治家でもあったエンジェル・サントスが「闘うチャモロ」の象徴のようにシナヒを身につけていたこと、1990年代にグアムで始まった学校教育でのチャモロ学習において使用された教材やポスターに描かれた勇敢なチャモロのチーフがシナヒを身につけていたことなどが、シナヒ人気の高まりの背景にあったと思われる。大シャコガイは稀少なことから、現在では牛骨、石、青サンゴからも作られるようになって、チャ

三日月形のものがシナヒ、円形のものがスポンデュルス。カービングのマスターの称号を持つGreg Pangelinan 作。

モロのアイデンティティが高いファッショナブルな若者を楽しませている。

　一方、女性を中心にオレンジ色の円形のペンダントを身につけている人をみかける。このオレンジ色の貝はスポンデュルス貝といい、日本で言うウミギク貝の仲間で、温かい海に生息している。スポンデュルス貝はスペイン人到来以前のチャモロ社会では貨幣の役目をした他、丸く整えて連ねて首飾りにしたり肩から下げたりするなど、社会的地位を示す役割があった。シナヒ同様、男女ともに身分が高い人たちが身につけていたと考えられる。1978年にタモンのイパオの発掘現場で女性の白骨がほぼ完全な状態で発見され、その女性は全身にスポンデュルス貝の装飾品が巻き付けられており、重要人物であったと推定され「イパオの女王」と呼ばれた。このことも、女性のスポンデュルス貝ペンダント流行を後押しした可能性がある。もちろんシナヒ同様に、男性もスポンデュルス貝を連ねたネックレスを身につけることは珍しくない。特別行事などでは、ここぞとばかりに自慢の装飾品を身につけて登場する。

　さて、このシナヒについて最近フローレス（Judyth Flores）博士から「シナヒを昔のチャモロがペンダントにしていたという証拠はない」という問題が提起され、グアムで議論を呼んだ。フローレス博士によると、ドイツのベルリンにある博物館に横幅6インチ（約15 cm）の大きな古いシナヒが保管されているという。マリアナ諸島をドイツが統治していた時代に持ち出されたものと思われ、それには小さな穴が2つ開いている。この穴はひもを通して結ぶためのものだと考えられるが、何のためのものかは明らかになっていない。昔の人たちがどのような意味で身につけていたのかもわからない。博士は、「女性がスポンデュルスを身につけていたことは発掘で明らかになった

8.「創られた伝統」は根付くのか

が、男性が首にシナヒをつけていたという証拠はない。しかし、何に使われていたかははっきりしないものの、価値のあるものだったということは推測できる。それは、見つかる数が少ないこと、見つかる場所が洞窟の奥であるなど、大切にされていたことがわかるからである。そして今では、その『価値あるもの』という価値を私たちが引き継いでいるのだ」と述べる。

スペイン統治前のチャモロのイメージが、現代のアーティストの作品に影響を強く受けていることを講義するフローレス博士（中央左）。2017年、中央大学にて。

昔のチャモロの勇士がシナヒを首につけていたと思い込んでいる人びとと、そのようなイメージの作品を描いてきたイラストレーターやアーティスト、シナヒを製作している工芸家にとっては、博士の提言は受け入れ難いところがある。現在、シナヒのペンダントを日常的に身につけることはグアムだけではく、ロタ、ティニアン、サイパンのチャモロにも広がり、販売して収入を得ているカービングのアーティストもたくさんいる。博士は、シナヒや「チャモロらしい」装飾品をつけることは「スペインが入ってくる前にもチャモロはいたのだ」「私たちは現在も存在しているのだ」という主張の一つの手法となっているとする。

フローレス博士はパレオについても指摘する。現在、チャモロダンスを踊る人びと、チャントを唱える人びと、カヌーの復興運動に関わる人など、多くの人びとが、パレオ（体に巻くスタイルの一枚の布）を身につけている。博士は、スペインからやって来た司教が記録を残しているが、その記録にも、その前の記録にもチャモロの人たちがパレオを巻いていた記録はないという。フローレス博士が子どもの頃、グアムでパレオを身につけているチャモロの人を見たことがなかったという。そして、1970年代にラボン氏がチャモロのアイデンティティを示すために考案したものであると指摘する。

その当時きっと彼はグアムで初めてパレオを巻いた人でしょう。彼が

若い頃、Taotao Tano Cultural Group がゲフパゴ文化村でパフォーマンスをしたとき、私はお年寄りの間に座って見ていました。お年寄りがパレオを見て「あんなの見たことない」と言っていました。彼を批判したり悪口を言ったりすることは一切ありませんでしたが。

　パレオ、ラップ（wrap）のことをチャモロ語でサディということがあります。サディというのは、もともとの意味は赤ちゃんのおしめ、おむつという意味です。文化の覚醒が始まって、古いチャモロの文化についての考えが深まっていくにつれて、言葉の価値も変わってきました。サディは赤ちゃんのおしめという意味で使われていましたが、だんだん誇りを持って使われるようになりました。誇らしい言葉の一つになって今では多くの人が普通にサディという言葉を使い、男性がパフォーマンスのために身につけるふんどしをサディと呼ぶようになりました。これは私が知っているパレオやサディの話です。

　グアムやマリアナ諸島に西洋人がやってきたときの宣教師たちの記録によると、彼らは裸でした。裸だったとみんなが信じていたようですが、私は腑に落ちません。当時、チャモロに裸という概念はなかったはずです。当時布がなかったから布を巻くこともありませんでした。でも裸＝恥という概念がなかったかと言われるとそれはまた変わってきます。大事なところを亀の甲羅で隠したり、もしかしたら葉で守ったり、そうしたものをアクセサリーとしてつけていたけど、それが西洋人には服に見えずに、裸だった、と表現した可能性があります。当時のことは誰も見ていません。誰も知りません。誰かがそうだ、と言うことによって、それがスタンダードになることに対して、批判的な見方を持たなければなりません。

（2017 年 12 月、帝京大学での講話にて）

　誰かが始め、広がり、それが媒体を通して定着し、10 年、20 年、30 年経つと、それをスタンダードとして認識する世代が社会を構成し、気づけば、「昔からそうだった」と錯覚する。シナヒもパレオも、そしてチャモロダンスも、

8.「創られた伝統」は根付くのか

I Tano'-ta Guahan
(グアムの地)

Frank Rabon, 2006

Este I tano' mami Guahan	グアム、ここはわれらの地
Taihinekok yan gatbo na tano'	美しく永久の地
Sentrangkilo yan gef pa'go	平和な地、そして内から出ずる美しさ
Esti lugat i taotao tano'	われらの地
Este i amot i tano'-ta	これらは島の薬草
Na homlo' para i anti-ta	魂を癒す
Este guinahan i tano' yan i tasi	大地と海の賜物
Satba guinahan i tano'-ta	土地の資源を守ろう
Hami simiyan i lina'la	われらは命を運ぶ
Hami pumoksai famagu'on-ta	われらは子どもたちの命を育む
Menhalom yan metgot i taotao ta	彼は強さと賢さを備えた人となる
Famagu'on Fu'una yan Puntan	フウナとプンタンの子どもたち
Famagu'on Fu'una yan Puntan	フウナとプンタンの子どもたち

2006年に開催された第1回チャモロ会議のために作られ、披露された曲。

121

である。ましてや当事者でなく、外の世界の人が今それを見たときに、この人びとの伝統なのだと誤認識することはおおいにありえる。観光産業において、それを積極的に売り込めばなおさらである。フローレス博士は、「シナヒを昔のチャモロが身に（首に）つけていたという証拠はないと私は主張していますが、現代の人がネックレスとして愛用することにも、チャモロのプライドとしてつけることにも反対をしているわけではありません。むしろ喜ばしいことの一つだと思います。日本のチャモロダンサーが身につけてチャモロ文化を大事に思うことを示すこともよいことだと思います。ただ、昔のチャモロがネックレスとして身につけていたという習慣も証拠もないし、伝統でもないということを忘れて、思い込むことは不適切です」と話す。

　シナヒもパレオも、グアムの人びとが身につけ始めて40年たち、「創られた伝統」が「伝統」になりつつある。今やグアムでの文化的実践の場やイベントで、パレオを身にまとった人、シナヒをつけた人を見ないことはない。特にこの10年でパレオは文化を主張する人びとのアイテムとなり、多様なデザインが存在するようになった。

8.2. チャモロダンスの定着と多様化

　ラボン氏が整理したチャモロダンスを継承する指導者は、ステップやハンドモーション、チャント（詠唱）、曲を自分が運営するグマや勤務する学校のチャモロ文化学習で教えている。指導者の中にはラボン氏が伝えたことを忠実に守り、形を崩さず、アレンジも加えずに指導している者と、アレンジを加えてより若者が楽しめるようにしたりコンテンポラリー領域を発展させてバラエティ豊かにしたりして指導している者が存在している。ラボン氏は、「自分はチャモロの生活実践や風景を、近隣の島々の舞踊を参考にしつつチャモロダンスとして何年もかけて整理した。どの動きにも意味がある。それをきちんと継承してほしいという気持ちがとても強い。しかし若い指導者や若者が新たに工夫して挑戦する面白さを感じ、チャモロダンスをより楽しんで身近なものとして続けるようにしないと、そもそもチャモロダンスも継続し

ない。だから、新しい身体の動きや表現を見たら必ず説明を求める。チャモロの文化に基づく解釈と説明が成り立つならばそれは一つの表現だ。しかし説明もできず、見栄えに走っているものを自分は絶対に認めない」と強く述べる。

グアムのチャモロダンスの世界を日本から10年にわたり観察していると、彼らが気づかない点が見えてくる。ラボン氏が認めたグマで育ち、そこからのれん分けする形で新しいグマができている。若い指導者が率いる若いグマについては、正式な Pa'a Taotao Tano のグマとしてラボン氏は認めてこなかった。のれん分けしてできた若いグマを訪問して短い時間ながらチャモロダンスの交流を持ったが、基礎的なステップの雑さ、曲の歌詞の曖昧さ、踊りの曖昧さが目立った。彼らのショーには、観光客受けする衣装の見栄えやパフォーマンスの華やかさがあるが、ラボン氏が示したチャモロダンスからはすでにズレが生じている。ラボン氏はフラとチャモロダンスの違いをしばしば力説するが、若いグマのパフォーマンスにはフラのモーションにやや傾倒している雰囲気もある。衣装に関しても、工夫を重ねるうちに、ラボン氏が整えた「チャモロダンスらしさ」を離れ、独創的になり、現代的になってきている様子がわかる。

ラボン氏が直接育てた指導者たち自身も葛藤を持っている。ラボン氏の教え通りに、それだけを指導しているのでは、自分のグマの個性がなく、自身の存在の意味も見失ってしまう。しかし、何をどうアレンジすることがよいのか、ふさわしいのかふさわしくないのか、という点を自分で模索しなければならない。魅力がなければ、習う生徒も集まらず、チャモロダンスを普及させることは叶わない。Pa'a Taotao Tano が主催するチャモロダンスのコンペティションに参加する、ということは新しさがなければ挑戦することもできない。しかし、行き過ぎてしまうと、多様性に富んだチャモロダンスは一体なんなのか？ ということになってしまう。

実際に、ラボン氏のもとを離れて新たなチャモロダンスの世界を創造している指導者もいる。Inetnon Gefpå'go（イネトノン・ゲフパゴ）を率いる Vincent J. C. Reyes 氏である。成功を収め、華やかなパフォーマンスを繰り広

げ、活動資金となる助成金の獲得にも成功し、先住民舞踊国際フェスティバルなどに参加し、ヨーロッパやアジア、ブラジルなどの遠征活動に力点を置いている。彼らのパフォーマンスには、ラボン氏が整えたステップやダンスの片鱗は残っているが、現代的な照明や音響を効果的に使用して、よりファンタジックにショーを仕上げている。

　ラボン氏の功績によって「チャモロダンス」という概念が作られ、普及が図られた。グアムでは現在「チャモロダンス」を知らない人はいない。なぜなら2016年のグアムでの太平洋芸術祭をピークに、グアム政府を挙げてチャモロの象徴的パフォーマンスとして取り組んだからである。地域行事、イベントでは、チャモロダンスのグマやグループが登場してダンスが披露される。新聞紙面でも度々カラーページにチャモロダンスが記事になっている。3月のチャモロ文化月間では、学校で子どもたちによるチャモロダンスが披露され、保護者によってSNSで拡散されている。現在、確実に「チャモロダンス」はグアムに定着し、存在しているのである。多様化が進行しているが、一般の目からみた「チャモロダンス」の概念を超えないグレーゾーンの状況であろう。女性はパレオを体に巻きヤシの葉もしくは木の皮を使用したスカートを身につけ、男性は上半身裸でふんどしを身につけ、トゥナスと呼ばれる長い棒を持って踊っていれば、一般的には「チャモロダンス」に見えるだろう。スペインの影響を受けたダンスも、長い花柄のフレアスカートを履いて、メスティーサや白いパフスリーブのブラウスを着てグループで踊っていれば「チャモロダンス」に見えるだろう。しかし、ステップや振り付けの雑さやフラ化、アクロバティックな動きが増えるにつれて、「チャモロダンスとはなんなのか」とわからなくなる兆しを見せている。こうした状況が進行するならば、チャモロダンスはグアムを中心としたチャモロ文化を主張したい人びとのパフォーマンスの半世紀をかけた「流行」で終わってしまう可能性は否定できない。

　ラボン氏に「50年後にグアムにチャモロダンスは残っているでしょうか。あなたが天寿をまっとうしこの世から去って時が流れたとき、チャモロダン

8. 「創られた伝統」は根付くのか

太平洋芸術祭の閉会式にて、教え子たちがチャモロダンスの大パフォーマンスを指揮して活躍する姿を見守るラボン氏。2016年、グアムにて。

シェラトンホテルのチャモロダンスショーを通して若者の育成をし続けてきたラボン氏（中央奥）。2017年、グアムにて。

スはどうなると思いますか」と尋ねてみた＊。自分の死後の予想などわからないものである。曖昧な答えや悲観的な見解が示されることを予想したが、強く明確に「なくならない」とラボン氏は答えた。

「守られていると確信している。チャモロの生活と文化に即した舞踊を作った。言葉と動きと、生活実践がつながっている。チャモロの生き方や大事にしているものの根源だ。基本だ。教える人がいて、学んだ人がいて、子どもたちが学び、引き継ぐ人がいる。本を書いた。映像に残した。人びとの生活の中に踊りが入り込んでいる。変化はあるかもしれないが生き残っているだろう」

現在、ラボン氏が育てたファファナグエたちは、次世代の指導者になりうる若い人を育成することの必要性を認識しているようだ。50年後、100年後を見据えたときに、指導者がいなければ継続しない。ファファナグエやチャモロダンスのパフォーマーとして活躍した人は実はこれまで学歴は高くなかった。チャモロダンスという文化実践の場に身を置くことで満足していた。しかしグアムも学歴が重視される学歴社会になりつつあり、深い教養と人徳の証明が必要となり、就職にも影響する。次世代の指導者が社会の尊敬を受けて生きていくためには学歴も必要となる。そこで、ファファナグエたちは

＊　2018年4月22日、東京新宿のホテルロビーにて。

見本となるべく社会人入学をして学位を取得しようとグアム大学に通いだした。また、チャモダンスを卒業論文や修士論文、博士論文のテーマとして自分たちにインタビューをして都合よく文章にして学位を取り、結果的によりよい収入を得る手段になっていること、それが将来的にチャモダンスの資料になってしまうことに疑義を持ち、それならば自分たちがするべきだという考えもある。指導者たちはチャモダンスが多様化し、定着していく中で、活字として残すこと、主体的に学問の場で語ることの意味を見出し始めているようだ。Pa'a Taotao Tano とは別に、ファファナグエたちが集まり Tribal Council（民族協議会）という組織を作り、自分たちの世代を中心に活動に取り組んでいる。

8.3. 太平洋の島のモデルになるか

太平洋の島々は、グローバル化の波の中で、彼らの伝統・文化をどう維持するか、という共通の課題を抱えている。若い世代を中心に便利な生活、新しい生き方を求めて島を離れる人びとが多い。移民が増加する中で、民族アイデンティティの維持が困難になっている島もある。「伝統の創造」はグアムだけの事象ではない。白川千尋（2005）は『南太平洋における土地・観光・文化』の中で「カストム」（伝統的習慣）を事例に観光との関わりで「創造」される例を示した。植民地主義の犠牲になった経験を持つ太平洋の島では、伝統・文化のあり方は大きく変容し、島民が「伝統・文化」と信じるものを取り戻す過程で「伝統の創造」が生じることがある。「観光」と結びつけば、それは誰のためのもので、なんのためのものか、何をもって真正とするのか、と議論は尽きない。チャモダンスは「観光」のために作りだされたものではないが、観光との関係が深いことは7章で述べた。橋本和也（1999: 159–160）は、「観光がなぜ自らの文化に誇りを持つ機会を提供するのか。それが問われなければならない。観光の場は政府の政策が反映し、民族の誇りが確認され、現金収入が可能になる場である。観光業は、本来の仕事ではないと蔑まれることも多い。そのようなさまざまな要素が介入する場が観光で

ある。(中略) 社会的、政治的、文化的な主張の場として『観光』も使われているのだという事実が明らかになる。文化運動の活動家が効果的なアピールの場として『観光』を使っているのである。観光はその特徴故に、それらの主張が行われる『舞台』を提供している」と指摘する。

　チャモロダンスはグアム政府観光局のプロモーションにも用いられ、逆にそれによって島の内外で活動し広める機会を得るという互恵関係で成長してきた。グアム観光の目玉として、チャモロダンスに取って代わるものが現れない限り、その関係は続くだろう。同時に、観光に依存することによって、より新しいものや見栄えのいいものを追求することになり、現在のチャモロダンスから遠いものに変容する可能性もある。そうかと言ってもともと再創造されたものなので、真正も変容も議論にはなりにくい。真正性を問う議論もさることながら、観光に依存せずに維持するにはどうしたらよいか、維持することが可能なのか、という課題を解決しなければ、再創造されたものは程なくして消えてしまうだろう。

　グアムは、333 年間のスペインによる支配に続き、アメリカ、日本、そしてアメリカ、と支配者が変わり続けた。そして先住民族チャモロの人口は増えているが、全人口比は第二次世界大戦以降に激減して 45% 以下となった。島の産業は米軍基地関連のものを除き、主にツーリズムである。ツーリズムの世界のシンボルともなり、民族アイデンティティを可視化させる民族舞踊は、生活習慣の中で維持されてきた舞踊のあり方とは異なる意味を持つようになってきた。島の外の人間に「見せる」ことが前提の舞踊であり、時には収入の手段になること、そして観光客を満足させるショーの要素を含めることが求められる。島のチャモロとしてのアイデンティティを育成する教育手段として用いる舞踊も生活習慣の中の舞踊とは異なる。祈りや祝い事の行事の中で経験的、徒弟的に覚えていくのとは異なり、教育目標のもと、教室で教えられ、踊るという身体表現だけではなく歌やチャントを通して言語獲得も期待され、保護者に向けた発表会や、学校行事の中で披露される。つまり日常生活や祈り・祝いの文脈と一致していかない限り、社会の中で自然に覚えることや担い手が現れることは難しく、学校や社会教育機関などの教育装

置の中で継続しなければ、途絶える可能性もある。

　2018年5月、グアムでは第30回グアム・ミクロネシア・アイランド・フェアが開催された。グアムを中心にミクロネシアの島々のための文化の祭典である。2016年の太平洋芸術祭の記憶が蘇る開幕のチャモダンスの大パフォーマンスが披露された。陣頭指揮をとるのはラボン氏のもとで育ったメノ氏と指導者たちで、各グマのメンバーがそれぞれのグマの特徴ある衣装を身につけて集結した。成長した大人世代と子ども世代が参加し、総勢300名を超えるパフォーマンスだった。演目はこれまで共有されてきたナンバーの他、Uno Hit（私たちは一つ）の曲が加えられた。ミクロネシアの島々が連携をして文化を守り発展させることと同時に、グアムの各グマがそれぞれ独自に存在しながら力を合わせるという精神の表象でもあった。

　失われた文化の再創造としての挑戦であったチャモダンスが「伝統」となり、次世代、次々世代に引き継がれ、チャモロの、グアムの文化として定着すれば、太平洋の島の文化復興モデルになりうる。グアムほど外からの影響を受け続けてきた島はないかもしれない。グアムの文化復興をモデルにしなければならない島はないかもしれない。しかし太平洋の島の人びとはグアムの文化復興の年月をかけた営みを見てきた。グアムには誇りを持って他の島に見せるものが何もないと言われた時期から、チャモロとしての強い意志を示すダンス、チャント、歌を含むパフォーマンスが花開く今を、島外の人びとは見てきたし、チャモロは示してきた。文化復興が必要な状況が発生するならばグアムはモデルになるだろう。

8.「創られた伝統」は根付くのか

**第30回
グアム・ミクロネシア・
アイランド・フェア**
2018年5月

▲前夜のリハーサル。指揮を執るのはアイリーン・メノ氏。

▶開会のチャモロダンスパフォーマンス。

参加した300名を超えるパフォーマーたち。

Guinahan i Tano'
（大地からの贈り物）

Frank Rabon, Vince San Nicolas, Jacob Navarro, Peter Constantino

Hungok i påhårun i tåno',　i kinalamtem siha.
I tano' sumosteni i taotaota.　i manglo' chumalappon i simiya.
I guinahan I tano' mo'na kahulo',　i simiyan lina'la'.
Lå'la' i aniten i taotao tåno'　man metgot, manhålom na taotao.
　　Sen gef pågo na tåno' sen menhålom na tåno'.
　　Taihinekok na tåno' miguinaha na tåno'.
I guinahan i tano', gi san haya yan lågu,　gi san kattan yan luchan, ta prutehi i guinaha.
Para i lina'låta, para i famagu'onta ginen i manainata, prutehi i guinaha.

島の鳥の鳴き声、昔語りが聞こえる　島は命の源を与え、風にのって種が届いた
種は豊かな土地で育ち、人びとの魂は花開き、強く深い人びとになった
　　美しく、深く、
　　永遠で、豊か（な地）に
豊かな島を守ろう　東西南北　先人から受け継いだものを守ろう
次世代の未来と私たちが生き続けるために

付章
日本で活動するグマ
グマ・ファマグウン・タノ・
ザニ・タシの挑戦

1. Guma' Famagu'on Tano' yan i Tasiの歩み

　2018年、グアム博物館で太平洋芸術祭を特集した企画展示 Treasures of FestPacが開催された。その関連行事として2018年1月にラボン氏によるチャモロダンスの講演会が開催された。チャモロダンスの歴史が語られ、グアム内外のグマがスライド上で紹介された。その中で、日本に存在するグアム政府公認の二つのグマの一つとして、筆者が代表を務める団体が紹介された。

　大学で教鞭をとる筆者がなぜチャモロダンスの団体を預かることになったのか。筆者の専門は国際理解教育であり、近年は先住民族について学ぶ「先住民学習」はどうあるべきなのかを研究していた（中山2012d）。ポストコロニアル人類学の視点から、先住民族、特に太平洋島嶼に興味を寄せていた。あるきっかけでグアムに興味を持ち文献を探したが、日本語で読める文献のほとんどが第二次世界大戦に関するものだった。恥ずかしながら、グアムが2年7ヶ月の間「大宮島」と呼ばれて日本軍が占領していたこと、日本軍によるチャモロの強制収容があったことも知らなかった。先住民族チャモロの視点から戦時の歴史を読み解くと胸が痛むと同時に、年間80万人前後もの日本人がグアムを訪れているにもかかわらず、ガイドブックにある情報は、トロピカルリゾートでいかに楽しく過ごすかというものばかりで、「チャモロ」

という言葉はほとんどないことに驚いた。まず、2007年に初めてグアムを訪れフィールドワークを開始し、さらに自分の目で見て理解を深めるためのグアム・北マリアナ諸島通いを始めた。チャモロダンスはグアム理解のための一つの窓口であり、チャモロ文化に触れたいという遊び心から始めた。ゲフパゴ文化村のワークショップに参加し、グアムの公立学校のチャモロ文化学習の授業観察で見たチャモロダンスの授業に魅了された。小学校から高校までチャモロダンスの授業を見学しているうちに、ダンス練習に参加させてもらって踊る楽しさを覚えると同時に、グアム政府観光局が日本で開催する「チャモロダンスアカデミー」に関心を持ち参加するようになった。

それとは別に、グアムの過酷な歴史や豊かな文化、戦争の記憶を日本の大学生にも伝えたいと考えるようになり、2010年からグアム・スタディツアーを行うようになった。単にグアム理解を深めることを目指すのではなく、グローバリズムに翻弄され、スペイン、ドイツ、日本、アメリカに支配され続けてきたマリアナ諸島、生き抜いてきた先住民族チャモロの姿、日本との関わりをポストコロニアルの視点から追究し、学びへとつなげてきた（表1）。太平洋地域、特にグアムをスタディツアーの場とする意義は、以下の2点である。
①歴史学習のヨーロッパ中心主義から脱却することができる
②日本との関わりを知り、歴史を引き受ける姿勢を養うことができる

スタディツアーは、(1) 外国におけるフィールドワークの楽しさを経験すること、(2) フィールドワークの場所に関する知識理解を深めること、(3) 参加者や地元の人びととの関わりを通して人間的な成長を促すこと、の三つを目的としている（中山 2012b）。

スタディツアーでは、現地の方々に毎回大変世話になる。来客をたくさんの食事でもてなす島のホスピタリティに甘え、チャモロ料理をご馳走になり、バルタンと呼ばれる「持ち帰り」によって空腹をしのがせてもらう。インタビューでは、生々しい日本統治時代の記憶を語っていただく。参加者が異なるので何度も同じ話を語らせてしまうことになるのだが、快く私たちの学びに付き合ってくださる。アーティストのロン・カストロ（Ron Castro）氏は、一族をあげて歓迎してくださり、チャモロ流の時間の過ごし方を示し

付章　日本で活動するグマ
グマ・ファマグウン・タノ・ザニ・タシの挑戦

表1　グアム・スタディツアーの活動とねらい

		活動	ねらい
導入		事前学習1	グアムの歴史と文化に関する知識理解をふかめ、研修への課題意識を持つ。
		事前学習2	交流活動のためにどんな準備をしたらよいか考え、交流のイメージを持ち、意欲を高める。
		街見学	観光客の目線から「グアム」を眺め、ツーリズムの状況を把握する。
展開	歴史	ラッテ探し	ラッテストーンをめぐりラッテストーンが大事にされる意味を考える。
		チャモロ史ツアー	先ラッテ期、ラッテ期、スペイン統治期の史跡を見学し先住民史を学ぶ。
		戦争史ツアー	戦跡やメモリアルサイト、博物館などを見学し、当時の様子を考える。
		戦争インタビュー	戦時の様子を高齢者にインタビューし、「生きている歴史」を実感する。
	教育	チャモロ文化と教育に関する講話	チャモロ語復興とアイデンティティ育成にむけた学校教育の取り組みを理解する。
		学校参観	授業を見学し、児童生徒の様子や教育環境の相違などを観察する。
		生徒交流活動	地元高校生・大学生と共に戦跡をめぐるなどの活動をし、歴史を共有する。
	体験	葉編みにチャレンジ	島の生活文化を支えてきたココヤシの木の活用の知恵を学ぶ。
		カヌー体験	海洋文化を体験し、継続維持の取り組みについて理解する。
		ダンスパフォーマンス挑戦	チャモロダンスを通してグアムの歴史や文化の継承と創造を考える。ショーを行い、地元の人と交流を図る。
	文化	工芸家との交流	伝統的なアクセサリーを鑑賞し、購入の意義を理解して購入する。
		ディナーショー見学、出演者と交流	関わりを持った人びとが出演するディナーショーを見学し、文化の共有と消費について考える。
事後		事後学習1	経験を振り返り、ツアー参加の意義を整理する。
		事後学習2	今後の活動の展望や現在の自分への影響を共有する。

日本占領中の記憶についてフランシスカ・フランケスさんにインタビューをする。2017年、タムニンにて。

10年来交流を持ち続けているトニー・マンタノニャさんからギターの指導を受ける。2017年、イナラハンにて。

スリングストーンの投げ方を教えてもらう。2015年、イナラハンにて。

太平洋戦争の記憶をたどり、その場に身を置いて知識を自分の感覚に取り込む。2016年、アサンにて。

日米激戦が起こったアサン方面を見下ろす。2017年、ニミッツヒルにて。

太陰暦の新年にあたる2月にフウナ岩を訪れ、ビヴァクワ氏に教授を受ける。2016年。

付章　日本で活動するグマ
グマ・ファマグウン・タノ・ザニ・タシの挑戦

てくれ、私有地のジャングルにあるラッテ遺跡見学やビーチに招待してくださる。チャモロダンスの仲間には、合同練習に参加させてもらったり、若者同士が友達になる機会を与えてもらったりしている。アーティストでもあるジュディ・フローレス（Judyth Flores）博士と、ミュージシャンでありパン職人であるトニー・マンタノニャ（Tony Mantanona）氏には、スペイン統治時代のチャモロ文化が色濃く残ると言われているイナラハン村で歴史や文化を学びながら体験活動をする活動に参加させてもらっている。ツアー中、学びを深めることができるのはこうした人びとの支援があってこそ、と言える。

　スタディツアーを通してグアム理解を深める一方で、活動の中でもチャモロダンスが突出してきたのには理由がある。2012年8月のスタディツアーでラボン氏によるチャモロダンス指導を現地で受け、同年11月に拠点をおく帝京大学にラボン氏が来校し、本格的な講義やワークショップを受けた。そのときにラボン氏によってチャモロダンスに正式に取り組む団体「グマ」として認定され、Guma' Famagu'on Tano' yan i Tasi

ラボン氏（手前右）を迎えてチャモロの歴史と文化に関する講演を行う。2014年、帝京大学にて。

（大地と海の子どもたち）の団体名をいただいた。その後、チャモロダンスに魅了され、同好会的にチャモロダンスの練習を継続した。翌年2013年2月にグアムにスタディツアーに行った際、チャモロダンスのパフォーマンスを通して自分たちの学びを表現することに挑戦し、古い時代の踊り、スペイン統治時代の踊り、日本統治時代の演劇的表現、現代の踊りを構成した45分のショーを発表した。このショーは、イナラハンのゲフパゴ文化村と、ダウンタウンのショッピングセンターの2ヶ所で行った。そして人びとが多く集まる場で、突然、グアム議会報道官より、グアム議会においてチャモロダンスを通してチャモロ文化を普及、発展させることを認めるCultural Houseとしての決議文をいただいた。この決議文については、現在もグアム政府の正

◀日本人の自分たちがなぜチャモロダンスに取り組んでいるのかを話す。2016年、グアム大学にて。

日本軍が強要した強制収容までの徒歩移動を体験し、その途中に錆びた戦車を見る。2016年、マネンゴンにて。

式記録に以下のように記されている。

Resolution No. 311-32 (LS)
Date Adopted 01/30/14, Date of Presentation 02/08/14
Relative to recognizing a newly established cultural house located in Tokyo, Japan, known as Guma Famagu'on Tano' yan I Tasi, "The Children of the Land and the Sea", and commending the efforts of cultural house instructor Kyoko Nakayama in her completion of the first two (2) levels of certification as Fafa'nå'gue of her Guma.

　これはまったく予期せぬことだった。当時、私たちは意味を十分に理解しておらず、表彰を受けた程度に考えていた。後に、正式にグアム政府によって認定を受けたことの重みを理解し、責任を感じるようになると、チャモロダンスを楽しむ同好会的な感覚ではすまされない使命感を伴うようになった。しかし、その使命感が強くなればなるほど、チャモロの歴史や文化への理解を深めること、継続すること、発展すること、グマとして恥ずかしくないレベ

付章　日本で活動するグマ
グマ・ファマグウン・タノ・ザニ・タシの挑戦

地域の国際交流フェスティバルに参加する。2017年、八王子にて。

学校、地域活動に参加する。2017年、厚木基地内小学校の国際文化デーのイベントにて。

ルの意識を保ちパフォーマンスの技術を維持することの難しさ、活動を維持する財源の問題に直面することとなった。楽器、道具、衣装を揃えるための費用、活動にかかる諸経費の捻出に皆で努力した。また、スタディツアーでチャモロの人びととの温かさに触れ、苦しかった戦争の記憶を聞き、私たちへの期待の気持ちを知ることで、ますます中途半端な取り組みはできない、という考えが強くなった。

　グアムとの関わりが強くなり、チャモロダンスの技術が伸びてくるにつれて、学校教育活動での講演会の依頼も増えた。グアムに修学旅行に出かける高校へ行き、修学旅行事前学習としてグアムの歴史や文化についてチャモロダンスを通して話す機会や、小学校の国際理解教育の授業としてチャモロの伝説やグアムの豊かな自然環境について話す機会があった[*]。

　2年間かけて「同好会」から「社会的使命感を持った活動団体」へと団体が成長する過程で、活動から去っていく者もいた。時には楽しさよりも厳しさを求めることもあった。若者にとって、それぞれの価値観やお金、時間の使い方があって当然であった。興味関心が移り変わることもある。それでも、メンバーが去っていくことの寂しさを乗り越え、グアムとつながり続けてチャモロダンスに取り組む意義を自分の生き方に重ね、継続して活動に取り

---

[*] 大阪府立茨木西高校、埼玉県立志木高校、埼玉県立草加高校、芝浦工業大学柏中学校、帝京大学小学校、東京学芸大学附属世田谷小学校など。

組むと決めて大学卒業後も参加するメンバーが増え始めた。チャモロダンスに出会うまで人前で踊る経験も、ギターやジャンベを触ったこともなかった若者が、数年をかけていつの間にか、かなりの腕前になっていた。将来の仲間となる後輩の育成に力を注ぎ、「自分たちのグマ」を守り育てる若者たちが出現した。

　そこで、5年目には運営委員会を設けて組織的に活動を展開することで、運営に参加・参画する若いリーダーたちの自己実現を図れるようにした。そこには筆者の運営の負担を減らしたいという若者の願いもあった。私たちは日本各地で、ダンスパフォーマンス出演、ワークショップ開催、国際交流協会との連携活動、高校での講演会、小学校訪問、市民地域イベント参加などを行った。日本人を相手に、グアムという魅力的なリゾート地にはチャモロという先住民族がいること、彼らの豊かな文化を紹介すること、そして戦時中の日本の支配によって辛い記憶を持つ人がいることなどを伝える努力を続けてきた。すると日本で生活するグアム出身者、チャモロが声をかけてくれるようになり、日本での仲間も増えた。

　グアムでは、フィールドワークに加え、イナラハン村にあるゲフパゴ文化村で毎年2月にグアムの歴史を作品にしたパフォーマンスショーを行ってきた。グアムのメディアに取り上げられる機会も増え、グアムでも声をかけてもらえるようになってきた。私たちが作るチャモロダンスのショーは大きく2種類ある。一つはテーマ性を持ちつつもエンターテイメントとしての要素を強く出した20分程度の短いもの、もう一つは歴史性やコロニアリズムを意識した45～60分程度の長いものである。後者のショーは、ラッテの時代、スペインによる統治の時代、日本による統治の時代、現代へという歴史を描く展開となる。「日本による統治の時代」をパフォーマンスで表現することにこだわっている。私たちは日本人である。第二次世界大戦中にグアムで起こったことについて自分たちの解釈や理解を伝えずにチャモロダンスを楽しむということでは、彼らが経験してきた苦難の歴史への敬意を払うことはできず、先住民文化の消費、もう少し強い表現で言うならば収奪に加担してしまう、という信念があるからである。日本軍による強制収容や殺戮、婦女暴

付章　日本で活動するグマ
グマ・ファマグウン・タノ・ザニ・タシの挑戦

日本軍がグアムでしたことを理解していること、それを乗り越えてチャモロダンスを通してグアムの人とつながりたい、とメッセージを発する。2016年、ゲフパゴ文化村にて。

日本での公演でも同シーンを日本人に向けて演じる。2018年、帝京大学にて。

私たちのショーを見て労をねぎらってくれる地域の高齢者から若者まで。2017年、ゲフパゴ文化村にて。

私たちのパフォーマンスを見守るラボン氏、ファファナグエ、仲間たち。2016年、ゲフパゴ文化村にて。

行を含む戦争のシーンは演じる私たちにとって難しい場面である。日本兵役とチャモロの村人の役をどのように描き、何をメッセージとして観衆に伝えるか、毎回議論を重ね、グアムの人びとのまなざしや反応に怯えながら演じている。戦争のシーンを含む私たちのチャモロダンスのショーは定番にもなり、チャモロダンスのパフォーマンスだけではなく私たちの姿勢やメッセージを観に来てくれる人も増えた。全力をかけたショーが終わり地元の人たちと交流を持つ時間には、涙、ねぎらいや励ましの言葉を聞くことができる。5年をかけて日本とグアムをつなぐ活動が充実してきた。

I Famagu'on Tano' Yan i Tasi
（大地と海の子どもたち）

Frank Rabon & Vince San Nicolas, 2014

Este na tano' i tano Hapon, Ga un lugat na man daña megai taotao
Man appti tiniñgo ma pula i sinenten guinayayon
Ga un palao'an, Magahaga i lugat, A konni i famagu'on a fa'nue minagof
Ma bisita tano Guahan ya ma sienti i linala i Chamorru
 Famagu'on tano yan i tasi i na'an mami yan en komprende
 Makat na cho'chu lao man maguf ham en eyak mas pot i lina'la
I kutturan mami yan i kutturan taotao tano, I sainan i tasi muna danña i dos tano'
Sen gatbo i sinienti sa mu låla i kutturan taotao tano
Ta onra i antita ya ta satba i tiniñgo, Protehi i Guinahan i tano yan i tasi
Para i probechu i famagu'on i tano yan i tasi

ここは日本　そして人びとがたくさん集まるところ
彼らは知識と愛情をわかちあう
そこには導く女性がいた　彼女は子どもたちに幸せを見せた
彼らはグアムの地を訪れチャモロの文化を感じた
 Famagu'on tano yan I tasi（大地と海の子どもたち）それが私たちの名前　よろしく
 険しい道のり。でも、海や土地に生きる人の生き様について学び実践することは喜び
私たちの文化とチャモロの文化　海の神は二つの地を結びつけた
素晴らしいこのフィーリング　土地に生きる人びととの文化があるから
ご先祖を敬い先人の智恵を守ろう　大地と海の資源を守ろう
大地と海の子どもたちのために

2. 博物館企画展示「南の楽園マリアナ諸島の真実」

　毎年スタディツアーに出かけることは容易ではない。計画、相談、依頼、費用の工面、活動準備、滞在期間中に滞る仕事の対応など、大変な労力が必要である。毎年2月に行っているツアーを2018年は開催しないことを検討している時期（2017年7月）に、ツアーのかわりに帝京大学総合博物館の企画展示室で博物館活動をする案が出てきた。グアムの人びとに自分たちの活動を伝え、ショーを開催することを4年続けてきた。2018年は、場所と対象を変え、日本で主に日本の人びとにグアム・チャモロの歴史と文化の魅力を伝えるために、最新の展示設備と広い空間がある帝京大学総合博物館で、日本初のグアムをテーマにした展示を作る挑戦をすることにした。これはグアムにとっても、外国でグアムが取り上げられる初めての博物館展示となった。

　まず、博物館学芸員と学生を中心に、企画展示を立ち上げるための相談から始め、企画展示のコンセプトを企画書にまとめる作業から開始した。大学博物館という機能を意識し、以下のように企画の理由と目的を定めた。

〈企画の意図〉
① 「南の楽園グアム」という学生のイメージを覆す
　グアムに対する学生の一般的なイメージはリゾート地としての娯楽に溢れた島であろう。しかし、実際のグアムの観光地としての側面はほんの一部でしかない。333年にわたるスペインによる植民地支配の歴史があり、第二次世界大戦中は日本がグアムを占領し「大宮島」と名前を変え支配していた。激しい日米戦の残骸として戦跡や慰霊碑がある。現在、自治政府があるものの、アメリカの統治下に置かれ、島の約3分の1は米軍基地であり太平洋戦略上の要とされている。
　展示によって、一般的な「常夏の楽園グアム」のイメージを覆し、歴史認識、文化理解を深め、ものの見方を養い、現地の人びとの視点を得ることができる。

②博学連携への挑戦

　帝京大学総合博物館において、博物館と教育（学校）をつなぐ博学連携研究の一つとして、本企画展示を位置付けることができる。来館者は大学生が主となり、上の①のように博物館における学生教育の場となり、また、企画展示運営に関わる学生自らが展示やワークショップを作る上で教育的視点を培うことができる。小学校の子どもたちの来館を企画するなど、教師をめざす学生にとっても、小学生にとっても学びの場となる。これまでの国際理解教育や博学連携研究を生かし、帝京大学総合博物館における博学連携研究の成果を生むことが期待される。

③学生の「自分流」行動の場を作る

　本企画展示の特色として、学生が展示内容を作ることに大きく関わることがある。帝京大学が掲げている「自分流」を具現化するよい機会となる。学習会を重ねてきた学生は得意な領域を生かして学びを伝える展示の在り方を検討することとなる。その知識の集大成に 2015 年に開館された博物館を活用することで、自分たちにしかできない学びのアウトプットができる。このことは、帝京大学博物館が掲げる「学生、教員から発信される学術研究の成果を展示」、「多くの教員や研究者、また学生が教育研究活動を行っています。本博物館はその過程で収集された貴重な学術資料や教育研究活動の成果を展示や出版活動、イベントなどを通じて、広く社会へ公開すると同時に、他機関との連携を通して大学の社会貢献を推進することを目的として」いることに合致する。

〈企画の目的〉

- 来館者がグアムと日本の歴史やグアム先住民族チャモロの存在・文化を現実的にとらえ、一般的な認識からの変容を体験する。
- 博学連携の視点から企画展示を作り、帝京大学総合博物館の博学連携研究の一つとする。
- 新しい施設である帝京大学博物館を活用し、学生が主体となって取り組むことを通して「自分流」を具現化し、教育研究成果の発表として社会貢献につなげる。

付章　日本で活動するグマ
グマ・ファマグウン・タノ・ザニ・タシの挑戦

　大学の許可がおり、実行委員を中心に企画がスタートすることとなった。もともとグマのメンバーが8月にグアムでのショーの開催、サイパン、ティニアン、ロタの島々でのフィールドワークを予定していたことから、これらの島々で展示品を収集するとともに、博物館開催を告知し、対面して趣旨を説明して展示品の寄贈を呼びかけた。特に、サイパン、ティニアン、ロタなど、北マリアナ諸島についても展示に含めることについては、ラボン氏から提案を受け、展示が扱うエリアをグアムからマリアナ諸島に拡大することとした。企画展示「南の楽園マリアナ諸島の真実——あなたはグアム、サイパン、ティニアン、ロタを知っていますか」（The truth of Mariana Islands: Do you know? Guam, Saipan, Tinian and Rota?）の準備が始まった。

　寄贈品の呼びかけ、収集の活動については、現役の学生だけではなく、卒業した社会人メンバーも積極的に関わった。8月のグアムツアーでは、パフォーマンス会場に来た来客に展示の企画について説明し寄贈を呼びかけたところ、その場で寄贈を申し出てくれる人もいた。寄贈品を受け取り記録するなどの活動に社会人メンバーも関わった。サイパン、ロタ島ではフィールドワークに出かけていたメンバーが戦跡を巡って戦争の残骸と思われるものを収集し、歴史保存局の協力を得て古いチャモロの遺跡を回って写真を撮ったり、パガン島からの貴重な採集物を譲り受けたりした。自らの手で寄贈品を受け取り、展示品を集める行動を通して、博物館展示活動を通して、日本での開催を成功させたい、日本でチャモロの歴史、文化、現在抱えている社会問題をしっかりを伝えたい、とメンバーが切実に願うようになった。

　9月からは展示の構成を検討し、必要な説明パネルの内容、分量を設定して、説明文の執筆を開始した。学生を中心としながらも経験や知識が豊富な社会人メンバーも執筆に加わり、3ヶ月をかけて原稿の内容とパネルのデザイン検討を重ねた（表2）。

　帝京大学総合博物館学芸員による温かい支援と実践的な助言、博物館の展示企画の専門家、展示設計の専門家の力を借りながら、学芸員資格課程の履修をしていない学生が展示づくりに挑戦した。特に国立民族学博物館の展示を長く手がけ人類学の知識も豊富で、グアム・スタディツアーに参加したこ

表2　展示パネルの一覧、タイトルとパネルサイズ

	トピック（パネルサイズ）	下位項目
導入	南国の島・トロピカルアイランド グアム・マリアナ諸島 「マリアナ諸島を概観する」（A1）	A2 グアムの地理・気候風土 A2 北マリアナの地理・気候風土
導入	チャモロダンス紹介 「チャモロダンスってどんなダンス？」（A1）	A2 ラッテ期の力強い踊り A2 スペイン時代の華やかな踊り A2 現代の多様な踊り A3 フランク・ラボン
歴史	チャモロ文化・先ラッテ・ラッテ期 「ラッテってなんだ？」（A1）	A2 創世物語 A2 くらしを支えたココヤシ A2 海を渡るカヌー文化 A2 飾る・削る・交換する
歴史	ヨーロッパの進出 スペイン・ドイツ統治 「ヨーロッパ人がやってきた」（A1）	A2 チーフたちの戦い A2 変わりゆく人びとのくらし A2 新しい音楽 A3 人びとの心を救うロザリオ
歴史	ドイツ占領や日本統治 「アメリカ・ドイツ・日本がやってきた」（A1）	A2 アメリカによるグアムの統治 A2 ドイツによる北マリアナ諸島の統治 A2 日本による北マリアナ諸島の統治 A3 エスコさんの明るいカブレラ一家
歴史	太平洋戦争 「第二次世界大戦の苦しみ」（A1）	A2 グアムの悲劇 A2 北マリアナの悲劇 A2 再びアメリカに A3 日本語を教えることになったフランシスカさん A3 戦争経験者ベナベンテさん
歴史	政治・基地問題 「権利を求める闘い」（A1）	A2 解決しない基地問題 A2 グアムの政治的地位 A2 グアム・沖縄の連帯 A2 土地を守る闘い

付章　日本で活動するグマ
グマ・ファマグウン・タノ・ザニ・タシの挑戦

	トピック（パネルサイズ）	下位項目
現代の人びと	芸術（絵・服・作品・音楽） 「イゾム・イゾク・イゾタ あなたのもの・私のもの・私たちのもの」（A1）	A2 シナヒとスポンデュルスを愛する人びと A3 アーティスト、ロン・カストロ さん A3 航海術士、イグナシオ・カマチョさん A3 アーティスト、パク・ヨンスさん A3 アーティスト、グレッグ・パンゲリナンさん
	食文化 「チャモロは辛いものが好き？」（A1）	A2 バルタン大好き
	習慣 「共に過ごす価値」（A1）	A2 ビートルナッツの魅力 A2 持ちつ持たれつ
	環境 「地球温暖化との闘い」（A1）	A3 ロタ島のトーマス・メンディオラさん
	言語 「言語はアイデンティティの源」（A1）	A3 チャモロ活動家ビヴァクワさん
	教育 「グローバル化と教育の拮抗」（A1）	A2 チャモロ語を学ぶ教室の風景 A2 あなたはタオタオモナを信じる？
	人 「チャモロとは誰か」（A1）	A3 日本にチャモロがいる？ A3 私はチャモロ
	ココナツ 「ココヤシの木は生命の木」（A1）	A2 カムズを使いこなす A3 トニー・マンタノニャさん A3 ココヤシの木を守れ！
	Guma' Famagu'on Tano' yan i Tasi 「リナラハム 私たちは何者なのか」（A1）	A2 歩み A2 ロゴ説明 A2 地域交流 A2 教育活動 A2 スタディツアー A2 姉妹グマ A3 チャモロボーイがやってきた！ A3 チャモロガールがやってきた！

とがある北村彰氏の協力は大きかった。平面の世界で展示を構想してきた私たちに立体的なイメージを持てるように改善してくれ、また展示を実際に作る作業にも駆けつけてくれた。専門家の鋭い視点で展示が改善されていく様に制作に関わった学生は感嘆するばかりであった。

　毎日一日中準備作業を行った。SNSなどで作業の進捗状況を発して、展示物を寄贈してくれた人や協力してくれた人に様子が見えるようにした。広い空間の天井から3m近いパレオを吊るす展示の企画があり、手持ちのパレオをつるしてみると華やかであった。その様子を写真で見た社会人メンバーの発案で、グアムと本土の各グマのオリジナルデザインのパレオを展示して、来館者に多様なグマがあること、ユニークなデザインからチャモロ文化の豊かさを知ってもらう企画が上がった。そこで、各グマの指導者・リーダーに展示への寄贈を呼びかけたところ、続々と届き、グアムやアメリカ本土のグマのパレオが東京の博物館展示室に揃うという豪華な展示が実現した。

　展示期間中には、小学生から大学生、一般来館者、約3000人が展示を訪れた。ダンスワークショップ、貝を用いたチョンカゲーム遊び、チャモロ語学習ワークショップなどの企画を実現し、連日展示場は賑わった。展示の最終日には、グアムのオーシャンビュー中学校から生徒20人と教師4人が来館し、大賑わいとなった。チャモロの子どもたちが東京の博物館で日本の子どもや大学生と共に学ぶという光景は不思議なものだった。

　展示の企画、準備、設置、ワークショップ、片付けを通して、この企画展示の成功の背景には自分たちの努力はもちろんであるが、グアム、サイパン、ティニアン、ロタの島の人びとの協力と応援があった。それがなければ、挫折していたかもしれない。博物館展示に関わったことがない素人集団が頑張れたのは、グアムの歴史、チャモロ文化を日本で伝えたい、彼らの応援の気持ちに応えなければという、メンバーの執念だったかもしれない。

付章　日本で活動するグマ
グマ・ファマグウン・タノ・ザニ・タシの挑戦

博物館展示について学び、すべて自分たちの手で展示を制作した。2018 年、帝京大学総合博物館にて。

グアム、アメリカ本土から届いたグマのパレオ。2018 年、帝京大学総合博物館にて。

グアムやティニアンで展示に寄付していただいた古いチャモロの土器のかけら。2018 年、帝京大学総合博物館にて。

ココヤシの葉で編んだ美しい作品の数々。2018 年、帝京大学総合博物館にて。

スペイン統治時代のコーナー。メスティーサは John Benavente 氏からの寄付。2018 年、帝京大学総合博物館にて。

チャモロダンスを博物館展示でも積極的に展示した。2018 年、帝京大学総合博物館にて。

3. グマのつながり

　私たちが日本でチャモロダンスの活動を継続できるのは姉妹グマの存在が大きい。彼らが支援をしてくれるから継続できるという側面と、彼らの気持ちに応えるため、また彼らのチャモロ文化復興運動へのエールを送りたいという側面がある。私たちの Guma' Famagu'on Tano' yan i Tasi が姉妹グマとして深い関わりを持っているグアムの三つのグマ、サイパンの一つのグマを紹介する。

Guma' Taotao Lågu（グマ・タオタオ・ラグ）

　グアム北部のデデドは地元の人にとって最も賑やかな住宅、商業地区である。スーパー、市民公民館、教会、住宅が広がり、一見チャモロ文化が色濃く残っているようには見えない。その地区に拠点を置いているのが、このグループ Guma' Taotao Lågu（北の人びとの意）である。年齢層が若い女子が多いのが特徴で、変声期を迎える前の力強い声に、大人の女性の優しい声と数人の男子の声が重なる、魅力的な歌声が魅力的である。リーダーであるデイニャ・クルツ・キム（Dana Cruz Quenga Kim）はタフな人柄で、男性を凌ぐ強面(こわもて)感があるが、心優しく面倒見がよい。

　北部エリアはカブトムシ害によってココヤシの木が枯れ、健康な木を守るために、ココヤシ葉のスカート

双方のグマのメンバーが混在して練習をする。2017 年、デデドにて。

独創的なパフォーマンスを披露。2018 年、タムニンにて。

付章　日本で活動するグマ
グマ・ファマグウン・タノ・ザニ・タシの挑戦

の使用をやめ、木の繊維素材や木の実を連ねた衣装を作り出すなど、歌や踊りのみならず独創的な取り組みを展開している。チャモロダンスグループが集まるコンペティションでは常に上位に入る。最近では韓国との関わりを強め、韓国でチャモロ文化を紹介する取り組みをしている。

二つのグマのジョイントショー記念撮影。2018 年、タムニンにて。

Guma' Rasan Åcho' Latte（グマ・ラサン・アチョ・ラッテ）

　Guma' Rasan Åcho' Latte はグアム中部のジョニャ（Yona）を拠点としている。1999 年 2 月 15 日に設立され、グマの名前は「ラッテストーンの血統」という意味を持つ。ブライアン・テラヒ（Brian J. Terlaje）氏がグマのリーダーを務め、彼自身はグアムの公立学校ジョン・F・ケネディ高校の教師である。そのためメンバーには同高校の生徒と卒業生が多く、若さみなぎるパワー溢れるパフォーマンスが見られる。テラヒ氏が作り出す振り付けや曲は、しなやかな女性的なものからコメディタッチのものまで幅広い。Guma' Rasan Åcho' Latte と私たちのグマの関係は 2016 年 2 月のスタディツアーでジョン・F・ケネディ高校を訪れてから続く。そのときはテラヒ氏のクラスとの交流であったが、2016 年 8 月のスタ

テラヒ氏の自宅での歓迎ディナー。グマの若者同士の交流が進む。2017 年、ジョニャにて。

テラヒ氏率いるグマとの 70 人での合同練習。2018 年、帝京大学にて。

訪問時には食事やギフトでもてなしてくれる。2018年、ジョニャにて。

ディツアーの際にはグマの拠点を訪問して交流を行い、関係がより深まった。2017年1月にはGuma' Rasan Åcho' Latteが帝京大学を訪問し、ホームステイ、日本文化体験やダンス交流を行った。2017年2月、8月のグアムツアーではホームパーティやイナラハンで行われたショーへの参加とサポート、練習場所の提供など、多くの厚意をいただいた。2018年2月には35人のメンバーが来日し、交流活動を行なった。テラヒ氏の持つチャモロ語への知識やダンスの曲・技術などの提供は、私たちの活動をさらに飛躍させるとともに、メンバー同士の交流が活動のエネルギーともなっている。

Guma' Nina'en Åcho' Latte（グマ・ニナエン・アチョ・ラッテ）

　Guma' Nina'en Åcho' Latteはオーシャンビュー中学校でチャモロ文化を教えているルーハン（Raymond Lujan）氏のもとに集まる生徒が中心となっている。ルーハン氏はGuma' Rasan Åcho' Latteでチャモロダンスを学び、ラボン氏に認められ、グマを率いるようになった。音楽のセンスが抜群によく、彼が作り出す音楽やハーモニーはとても美しい。作詞作曲の才能も豊かで、名曲をいくつも作っている。2012年の秋にラボン氏と共に帝京大学を訪問したときから縁があり、私たちのグマの成長を見守ってきた一人である。

日本人が現地のダンスショーに混じってパフォーマンスができるのも日頃の練習と信頼から。2018年、タムニンにて。

　グマ同士として本格的な関わり

付章　日本で活動するグマ
グマ・ファマグウン・タノ・ザニ・タシの挑戦

パフォーマンスを通して双方のグマの交流を深める。2018年、帝京大学にて。

食と感情を共有する時間を大切にする。2018年、帝京大学にて。

は2018年1月にオーシャンビュー中学校校長、教諭を含む25名で来日したときからである。帝京大学を拠点として文化交流活動、東京観光などを通して関係を深めた。博物館企画展の閉会セレモニーでは、華やかなチャモロダンスを披露してくれた。その後、2018年2月に筆者が同校の行事に参加したり、Guma' Nina'en Åcho' Latte が出演するホテルでのチャモロダンスショーに参加したりするなど、交流は深まっている。

Guma' Simiyan Mañaina-ta（グマ・シミザン・マニャイナタ）

Guma' Simiyan Mañaina-ta はサイパンを拠点とするグマである。「先祖からの種」を意味するグマであり、先人に敬意を示し、受け継がれるものを大切にするチャモロの人びとを象徴する名前である。カストロ氏がこのグマを率いており（詳細5章）、その他にも舞踊の指導や写真や動画を撮影して広報にあたる大人たちもおり、組織的にグマを運営している。メンバーの多くは子どもたちで小・中学生が多く、サイパンで行われる国際フェスティバルや文化交流事業においてチャモロダンスを披露し、チャモロ文化を発信している。筆者らは2017年夏に Guma' Simiyan Mañaina-ta を訪れた。旅人とココナツジュースを分け合うセレモニーで歓迎を受け、チャモロ流の石投げ遊びをしたりバーベキューを楽しんだりした。所属する子どもたちは、ダンスの練習では同じ基礎練習を日本人がそつなくこなす姿に驚いただけではな

ココナツジュースを分け合う歓迎の場面。2017年、サイパンにて。

く、私たちがチャモロに対して「教える」という場面があったことから少なくとも刺激を受けたに違いない。私たちも含め「チャモロ＝グアム」という認識が強く浸透している中、「北マリアナにもチャモロがいるということを忘れないでほしい」と訴え、北マリアナ諸島の旗を私たちに託してくれた。文化を発信する強い志を抱く同士の結束の証となった。

　日本で日本人が活動するグマをチャモロのグマがわざわざ訪問する理由は何かをしばしば考える。テラヒ氏やルーハン氏に訊くと、「島の若者は島の外に出る機会が少なく、彼らの世界を広げるチャンスをあげたい」と口を揃えて言う。学校で教師として働く中で次世代のグアムを生きる若者の視野を広げてやりたい、という想いが根底にあるようだ。実際、海外旅行に行く余裕がある家庭は多くない。世界を見たい若者の選択肢が軍隊への志願につながる現実もある。学力が高く、グアムから飛び出す挑戦的な姿勢を強く持つ若者は、勉強に励み奨学金を得て本土の大学へ進学し、そのまま本土で就職して生活の拠点を本土に持つことが多い。つまりグアムの政治、経済、社会を維持する次世代の育成の課題も露呈している。狭いコミュニティとグアムの風景しか知らない若者の視野を広げ、多様な感覚を磨くことがグアムの島の発展に役立つのだろう。日本に来て、電車に乗る、地下鉄に乗る、モノレールに乗るといった公共交通機関の利用も初体験で大騒ぎである。しかし日本旅行は費用がかかる。日本でなくてもフィリピン、シンガポール、台湾、韓国など手頃な値段でいける地域はある。日本に来て、私たちのグマを訪問するよりも、観光をした方が楽しいであろうし、わざわざお金と時間を使って東京でチャモロダンスをしなくてもいいだろう、とも思える。

　複数回グアムからのグマのホストをして経験的にわかってきた理由は、

付章　日本で活動するグマ
グマ・ファマグウン・タノ・ザニ・タシの挑戦

Takulo' i Taotao-ta
（人びとを呼ぼう）

Frank Rabon, 2008

1. Ta guaife i kulo' ya ta ågang i taotao-ta, Ta ågang taotao håya para ineton lina'låta
   Sumai, Hagat ,Umatac yan Malesso, Inalajan, Malojloj, Talofofo yan Yona
   ★Fan hihot fan hålon ta fan dañña' mañe'luta, Ta usa i galide' ya ta gosa lina'låta
2. Ta guaife i kulo' ya ta aging i taotao-ta, Ta ågang taotao kåttan para ineton lina'låta
   ChalanPago, Oldot, Mongmong, Toto, Maite, Barrigada, Mangilao, Ta'i, yan Pagat
   ★repeat
3. Ta guaife i kulo' ya ta aging i taotao-ta, Ta ågang taotao lunchan para ineton lina'låta
   Hagatna, Maina, Asan yan Piti, Sinajana, Tamuning, Tufu'an yan Tomhom
   ★repeat
4. Ta guaife i kulo' ya ta aging i taotao-ta, Ta ågang taotao lågu para ineton lina'låta
   Machananao, Yigo, Hinapsan yan Lite'yan, Dededo, Mache'che, Mokfok yan Astumbo
   ★repeat
5. Ta guaife i kulo' ya ta aging i taotao-ta, Ta ågang taotao Marianas para ineton lina'låta a
   Guahan, Luta,Tinian yan Saipan, Alamagan, Anatahan, Pagan yan Urakasu
   ★repeat

1. 南から人びとを呼ぼう、共に生きるために。スマイ、アガット、ウマッタク、マレッソ、イナラナン、マロロ、タロフォフォ、ジョニャの村
   ★寄り添い、一緒になり、兄弟姉妹となり、カヌーで漕ぎ人生を楽しみましょう
2. 東から人びとを呼ぼう、共に生きるために。チャランパゴ、オルドット、モンモン、トト、マイテ、バリガダ、マンギラオ、タイ、パガットの村（★）
3. 西から人びとを呼ぼう、共に生きるために。ハガッニャ、マイナ、アサン、ピティ、シナハニャ、タムニン、トゥフ、トムホンの村（★）
4. 北から人びとを呼ぼう、共に生きるために。マチャナナオ、ジーゴ、ヒナプサン、リテザン、デデド、マチェチェ、モクフォク、アストンボの村（★）
5. マリアナ諸島から人びとを呼ぼう、共に生きるために。グアム、ロタ、ティニアン、サイパン、アラマガン、アナタハン、パガン、ウラカス（★）

①ホストするグマがいることで安心して滞在できる、②日本でチャモロダンスに取り組んでいる姿をグアムの若者とその家族に見せることで彼らの文化的アイデンティティの育成につながる、③日本で頑張っているグマを励ましたい、④東京の大学訪問という付加価値が教育的な価値を高め、保護者や学校が参加させたいと思う、⑤日本とグアムの文化交流プログラムが興味深い、⑥東京ディズニーランドに行ける、などである。特に日本人のチャモロダンスへの取り組みを見ることは、「自分たちの島の文化は外国人も学びたいと思う魅力があり、価値があることなのだ」と客観視できるよい機会である。チャモロ語人口が減っているが、日本でチャモロ語を勉強している人を見ることで、刺激もあるようだ。ホストの準備とその期間の苦労は大きいが、それを上回る交流の成果がある。私たちがグアム訪問時によく世話をしてもらっているだけに、こうした相互の訪問活動を大事にしていきたいものである。大学における海外体験学習の研究が進んでいる（子島・藤原編2017、村田編2018など）。海外で自分が解決できない規模の事象を見て、何もできない自分の非力さや過酷な海外訪問先の実態と自分のキャンパスライフのギャップを感じて動けなくなる学生がいるが、このグアムと日本をつなぐ活動では、国際交流活動として自己実現や自己効力感を双方が感じることができる。

　姉妹グマの他にも、各グマのリーダーたちとは交流があり、グアムに行けば温かく迎えてくれる。アメリカ本土のグマのリーダーも同様である。企画展示「南の楽園マリアナ諸島の真実——あなたはグアム・サイパン・ティニアン・ロタを知っていますか」のときに、各グマのパレオを展示のために寄付を呼びかけたところ、日本で頑張る私たちへの熱いエールとともに10日間のうちにパレオが届けられた。今後もグマ同士の交流の輪が広がり、姉妹グマも増えるだろう。

4.グアムのアーティストと

　2016年のグアム太平洋芸術祭のビジュアルアート部門の委員長はロン・カストロ（Ron Castro）氏が務めた。カストロ氏はグアムを代表するアーティ

付章　日本で活動するグマ
グマ・ファマグウン・タノ・ザニ・タシの挑戦

グアムでもアーティストとして知られているカストロ氏はいつも新しい活動を考えている。2015 年、ミクロネシア・アイランド・フェアにて。

ユーモアに溢れ、日本に来ても芸術を楽しむ。2015 年、東京にて。

ストで、彼の作品はホテル、銀行、博物館など至る所に飾られている。彼の人柄と作品に魅了されて多くの人がカストロ氏に仕事を依頼してきた。多才な中でもグラフィックアートを得意としていたカストロ氏は、『パシフィックデイリーニュース』日曜版のアートディレクターを経て、1983 年から広告代理店を立ち上げ、ラジオ、テレビ、雑誌の宣伝に活躍してきた。2005 年以降 2017 年まで日産の社員として車の宣伝ポスターなどの制作の他、ショールームにあるギャラリーの運営を任されてきた。その傍ら、カストロアートスタジオを始め、グアムの大企業ガライディグループの宣伝ディレクターを兼任したり、グアム政府観光局を支援したり、コミュニティカレッジで教えたりしてきた。Pa'a Taotao Tano の理事を務めた時期もあり、ラボン氏との親交も深い。グアムのアートシーンの成長はカストロ氏をなくしては考えられなかった。最近では、レーザーカッターを導入し、組み立て式の 3D パズルの商品開発に時間を割いている。グアムのアイコンであるラッテストーンに始まり、動植物、カヌーや建物を 3D パズルとしてデザインし、販売を始めた。

　カストロ氏との出会いは 2010 年のスタディツアーで、カヌー文化復興活動の取り組みをしていたグループを訪れたときであった。それ以来、毎回のスタディツアーの様子を見て、チャモロダンスグループとしての歩みを理解し、グマとなってからの活動の様子、活動の展開を見守り、支援をしてくれ続けている。3D パズルを作るためのレーザーカッターの販売会社が東京に

あり、購入前の相談などに来日するときには必ず前後にグマで私たちと共に過ごす時間を作り、メンバーと親交を深めてきた。

　2012年に私たちのグループがGuma' Famagu'on Tano yan i Tasiとラボン氏に命名され、グマとして活動を始めたときに、「日本とグアムをつなぐ」団体に合うグループのロゴの美しいデザインをくれた。このロゴをもとに、Pa'a Taotao Tanoのグラフィックデザイナーのルディ・リビエラ（Rudy Riviela）氏が植物をあしらいパレオの柄としてデザインし、私たちのパレオのデザインができた。

　カストロ氏の家族だけでなく、親戚皆が応援してくれ、スタディツアーで訪問すれば必ずご馳走を用意して集まってくれる。基地内にあるカストロ家の私有地であるヒナプサンビーチ内の素晴らしいラッテストーン遺跡をガイドしてくれ、バーベキューでもてなしてくれる。いつでも自宅に招き入れてくれて、たくさんの贈り物を頂いてきた。2017年春に、カストロ氏の甥の家族が東京に旅行に来た際には、これまでの礼の気持ちを込めてグマで歓待した。浅草観光、大学での交流活動、ディズニーランド、ホームステイなど、海を越えて家族ぐるみで交流できる楽しさを皆で味わった。

　グアムの各種の企画展示を手がけ、グアム博物館の展示も手がけるカストロ氏は、博物館企画展示「南の楽園マリアナ諸島の真実」制作のときには、グアムからたくさんのアドバイスが届いた。展示のコンセプトやコーナーの作り方に関して初期の段階からグアムのアーティストの視点から助言をくれ、グアム博物館で自身が手がけている展示の仕事と重なり来日できなかったが、展示制作が始まると制作風景を写真で確認しながらアドバイスをくれた。日本での博物館展示の開催を心から喜んでくれたことがこちらも嬉しい。

　もう一人、グアムのアートシーンに欠かせない人物がジュディ・フローレス博士である。彼女の父親がグアムで教職に就きアメリカのコロラドから1957年に移住したとき、フローレス博士は11歳だった。チャモロの文化的習慣が強く残るイナラハンで育ち、チャモロの人と結婚しチャモロ語を流暢に話す。グアム大学でミクロネシア研究の修士号、ワシントン大学で服飾とテキスタイル研究の修士号、イギリスの東アングリア大学でオセアニア文化

付章　日本で活動するグマ
グマ・ファマグウン・タノ・ザニ・タシの挑戦

大きな板に描きストリートに飾るプロジェクトに参加する。2017年、イナラハンにて。

私たちとイナラハンをつなぐ絵が完成。2017年、イナラハンにて。

の博士号を取得、10年間中学で教鞭をとり、グアム芸術人文会議で10年活動し、その後ゲフパゴ文化村設立と運営に携わり、2006年にグアム大学講師の職から離れ、その後はイナラハン歴史財団によるプロジェクトコンサルタントなどのいくつかのプロジェクトの代表をつとめた。グアム南部の村イナラハンは、雰囲気、建物、生活ぶり、風景の中にチャモロの1900年代の面影を濃く残している。フローレス博士は、グアム全体で生活様式や風景が激変する中で、育ったイナラハンの価値を見出し、記録に残すことに尽力してきた。著書 Estorian Inalahan: History of a Spanish-Era Village on Guam (2011) には、イナラハンに残るスペイン統治時代の影響を受けた日常生活風景の詳細の他、イナラハンにゆかりのある人びとの家族の物語が詳細に書かれている。そこには第二次世界大戦中の日本統治時代の悲しい記憶も語られている。

　彼女は学者として研究活動を継続する傍ら、アーティストとしての活躍を見せてきた。バティックアート（ろうけつ染）を専門とし、バティックの手法を用いてグアムの風景、失われつつあるチャモロの習慣や生活を描き続けてきた。明るい色を用いたバティックアートの作品は、カストロ氏と同様に銀行、デパート、博物館、個人宅など、グアムのあらゆる場所で見ることができる。また、便利な生活を求めてイナラハンを離れた人びとの空き家が老朽化し、ゴーストストリート化することを防ぐために、その家に人びとが住み活気あふれていた頃の風景を、ベニヤ板に大きく描いて飾るプロジェクトを進めている。プロジェクトには、学校、地域の子どもの育成団体、NGOな

フローレス博士の専門芸術分野であるバティックにチャモロ文化を描く。2017年、東京にて。

完成した作品は博物館展示室に飾られた。2018年、帝京大学総合博物館にて。

どが参加し、人びとの昔の記憶をとどめ、地域再生に貢献している。2010年のスタディツアー以来、私たちのグマがイナラハンを訪問するたびに、村を案内していただいたりビーチで休ませていただいたりしてきた。2017年2月にはイナラハンの小さな歴史資料館の倉庫で、私たちもこのプロジェクトに参加し、フローレス博士と共に日本とグアムをつなぐ大きな絵を描き、イナラハンの村に飾られている。2017年12月にフローレス博士が来日したときには、新しいグアムの考古学と文化のありようについての講義の他、博物館展示のための大きなバティック作品の共同制作を行った。何をグアムの象徴として描くか、何を私たちの主張として描くかというワークショップを通して作品のデザインを決めることから始めた。ろうを溶かして絹布に描き、さらに染料で色をつけていく。再度ろうを熱で溶かして落とすと、ろうの部分が白く残る。初めての作業経験に四苦八苦しながらも大作ができて喜びを感じると同時に、フローレス博士のグアムの風景を描いた作品の細かさや美しさを改めて実感した。

　フローレス博士とラボン氏の親交は深く、ラボン氏がチャモロダンスを再創造することに協力し、そしてその発展を見守ってきた。そのチャモロダンスが日本に広がり、チャモロ文化を知る人が増えていることを心から喜んでいる。グアムには多様なアーティストがいる。私たちの取り組みを知るアーティストに励まされ支援を受けながら、日本でチャモロダンスを続けている。

付章　日本で活動するグマ
グマ・ファマグウン・タノ・ザニ・タシの挑戦

5.グマに集まる仲間を育てる

　活動が継続し年数が経てばメンバーの年齢差が広がり、現在私たちのグマの活動に参加している中心は20代だが、年少者は19歳、年長者は63歳まで約45名が在籍している。それぞれ個性があり、活動参加のスタンスも一律ではない。成熟ぶりも様々であり、苦労は尽きない。ラボン氏は自分がチャモロダンスを幅広い年齢層に教えることを通して、年齢を発達段階に合わせて区分して以下のように示している。

　　Taotao Tano のメンバーに教える日々の中で、2歳から50歳までの多様な年齢層を教える機会に恵まれた。様々な年齢に見合うように、2〜12歳、12〜25歳と25〜40歳、40歳以上、の三つのレベルにグループ分けをした。このようにグループ分けすることによって、能力、強さ、精神力を見ることができる。この方法を人生の流れと同様に考えることができる。12歳までのグループを見ていると、子どもたちは何の制約もなく（もしくはほとんどなく）学びにくる。彼らは習得力があり、直接教えなくてもどんどん吸収することができる。彼らの集中の周期はシンプルでたいていの場合長くはないが、瞬間的な記憶力は優れている。継続的な強化によって知識が吸収されていく。子どもたちはまだ身体的発達途上であることから、ダンスの身体的な要素をシンプルにする必要がある。表現がシンプルで運動的でないとしても、振り付け師は能力の高いパフォーマンスを作ることができる。コーディネーションが開発されているので、指導者に忍耐を強いるかもしれないが、経験的に美しく行われる。この年齢グループの指導は次のグループにつながる。
　　次に12〜25歳と25〜40歳のグループについて述べたい。中でも二つにグループを分けている。12〜25歳の若いグループは指導者に忍耐力と我慢と理解を強いる。このグループは第二次成長期を経験し、身体的変化がおこり、感情表現の抑制が始まり、内面の美しさよりも外見レベルが重要視されるようになる。ダンスを学ぶことの興味やグループの一

員であることを維持するために、指導を指揮する一方で、障害に向き合わなければならない。身体的強さが増し、調和がとれてスタミナが出てくる。この年齢層は、変化や影響が多いので知識の定着はさほどではなくなる。指導者は、ものごとを進めるために休む暇なくグループのことを考えなければならない。この年齢の集団は、パフォーマンスの調和を達成するために、たくさんの指示、しつけ、動機づけ、強化が必要である。指導者がこれらの障害を乗り越えると、子どもたちは強さ、精神的表現を自らのばすことができるようになり、振り付けを複雑なものにすることができる。この年齢集団と向き合うとき、芸術的創造に限界はない。声も発達中で変声期を経て標準的な声質をのばすことができる。振り付け師として、私はこの年齢のグループを活用していくつもの興味深い動きを開発してきた。25～40歳のすでに安定している年上のグループとの練習はしやすい。指導者は、多様な態度や個性と向き合わなければならないが、プロフェッショナルなプログラムを生み出すことができる。このグループの活動では、指導者は次世代のリーダーや指導者を育て始めることができる。時にはこのグループのメンバーは指導者としての潜在能力を見いだされることができる。そして誰かが見いだされたとき、指導力の強化がその個人に行われる。その人材が次の世代のグループになったとき、そのグループは社会の宝となる。

　40歳以上の最後のグループは、活動することがとても興味深い。この年齢集団は、身体的、精神的、感情が豊かになり、責任感があり、協働的で、リーダーとしての潜在力を持つ。身体的パフォーマンスの面のかわりに、強い声質を持つ。身体がついていかなくなったときに自己を模索するようになる。これは障害やグループの荷物になるのではない。私は、それまでに得た知識や経験が知恵になると信じている。グループの中で、その組織のためのリーダーや指導者に育てることができる。彼らは必要な支援をする要素となり、グループの結束を維持する。彼らの専門性を生かせば価値あるパフォーマーで、プログラムに創造的なものを付け加えるために重要である。人びとが敬意を持ち続けて丁重に接すれ

ば、組織を素晴らしいものにしてくれるだろう。

(Rabon 2007: 9–11)

　このラボン氏の見解は、私たちのグマにも大いに当てはまる。こうした年齢層の中で自己アイデンティティを模索する姿を何年も見続けてきた。メンバーは、グマに在籍すること、チャモロダンスに取り組む意義、集団の中での自己のありようを模索し、自分の得意なパフォーマンス領域を見いだし、努力して活躍するようになった。私たちはいつの間にかレパートリーとして約70曲（チャントを含む）を持つようになった。

　集団の活動を通して人間形成を担っていることを再確認することができる。Guma（グマ）がチャモロ語で「家」を意味することはすでに述べた。グマに集まる者は拡大家族（Expanded-family）と見なされ、家族のような関係、相互への愛着を持ち、互いのケアをする。私たちの日本でのこの探求の先はわからないが、核家族化、生活の簡便化が進む中で貴重な時間を過ごしていると自負したい。そして海を越えたグアム先住民族チャモロと連帯して、国際交流を経験し、多様なスキルを身につけさせ、地球市民として小さな一歩を歩む若者の育成に貢献したい。そこで私たちは「理念および活動目標」を次のように設定している。

理念および活動目標

　マリアナ諸島をフィールドとする草の根国際交流活動として平和と友好を築き、次世代を担う地球市民を育成する。

《心》　自らの心の豊かさ乏しさに向き合い、ホスピタリティを理解かつ発揮すること

《徳》　他人を尊重し、品格を重んじる振る舞いや発言をし、「考動」すること

《知》　歴史や文化を理解し、思考深く、教養を身につけること

《技》　表現力と言語活用力を身につけ、その力を伸ばそうとすること

《体》　健全な身体の維持に努めること

グマの一員としてチャモロダンスの活動に参加する人は、誰もが自問自答してきた。"Hayi Hami"——自分は何者か。私たちはチャモロではなく、国籍が日本にある日本人である。多くの人は文化的アイデンティティも「日本」にあるだろう。多くの時間・エネルギー・費用をかけて、理念と目標を持ってチャモロダンスの活動に参加することは、単なる趣味の域を超えている。しかし職業ではない。日本人の私たちがチャモロダンスを通して、戦争の歴史・記憶やグローバル化の諸問題を理解し、グアムやマリアナ諸島の人びとと交流を持つことは、人生の経験を培い、グローバル時代の地球に生きる市民になることの一歩となるだろう。

Kumahulo' i Latte
（ラッテを掲げよう）

Bobbie Tainatongo, 2007

Kumahulo' i latte ginen ianiti yan i fuetsan i taotao-ta
Håtsa i latte na lå'la' i taotaota, Para i manmamaila' siha
Hu guaiya i chi'up i ha'ani, Sa'man maloloffan i taotao-ta
Tulos mo'na i galaide', Gi hilo' i tasi
Fafatta i tasa, Po'lu gi san hilo' i haligi
Monhåyan i fondon gumåta

ラッテを掲げよう
昔の人から伝わるラッテストーン、私たちを強くする
昔からのラッテストーンを上へ　今後やって来る人のために私たちを生きさせて
昔のことを考えることが好き　私の人たちが外の世界へ出るのを想像するから
カヌーを漕いで、海洋に出よう
タサをハリギの上に載せたら、私たちの家は完成する

　Pa'a Taotao Tano のすべてのグマが集まり、年に一度開催されるチャモロダンスの祭典 "Dinaña Minagof" で、タイナトンゴ氏のグマにより披露された。

付章　日本で活動するグマ
グマ・ファマグウン・タノ・ザニ・タシの挑戦

Hinanao Galaide'
(航海するカヌー)

Frank Rabon, 2004

1　Galaide' tunas mo'na gi hilo' i tasi, Tatiyi mo'na i paluman i tasi
　　Tatiyi mo'na i paluman i aire, Fa'nui ham nai guinahan i tasi
　　Galaide' Galaide'
2　Galaide' tunas mo'na gi hilo' i tasi, Ekongok i ukon i hagan i tasi
　　Sa siha umesgaihon hit mona gi tano, Sa siha fumanu'i hit ni' tano' Marianas
　　Galaide' Galaide'

1　カヌーが私たちを海に導く　海鳥についていこう
　　海鳥の大群についていこう　海の幸を見せておくれ
　　ガライディ　ガライディ
2　カヌーが私たちを海に導く　ウミガメの呼び声を聞こう
　　ウミガメが私たちを大地に導くだろう　海の幸を見せておくれ
　　ガライディ　ガライディ
　　＊ガライディ：カヌー

2004年にパラオで開催された第9回太平洋芸術祭において、Taotao Tano のメンバーによって披露された。

引用文献

飯高伸五 (2008)「第9回太平洋芸術祭の裏側 —— パラオ共和国オギワル州におけるギルガムラス公園の造成」天理南方文化研究会『南方文化』(35), 123–151.

小西潤子 (2005)「第9回太平洋芸術祭における小笠原とパラオの交流表演 —— 互恵性を超えた文化の担い手と研究者との協力関係をめざして」『静岡大学教育学部研究報告 人文・社会科学篇』(55), 49–62.

クリフォード, ジェイムズ (1996)「序論 —— 部分的真実」ジェイムズ・クリフォード, ジョージ・マーカス編, 春日直樹他訳『文化を書く』紀伊國屋書店.

白川千尋 (2005)『南太平洋における土地・観光・文化』明石書店.

田中正智 (1993)「ラロトンガの夢 —— 新浦島物語（第六回太平洋芸術祭を見て）」『太平洋学会誌』(57), 21–28.

中島洋 (1997)「第7回太平洋芸術祭」『太平洋学会誌』(72, 73), 86–92.

長嶋俊介 (2004)「第9回太平洋芸術祭 パラオでの喜びと学び」『太平洋学会誌』(93), 1–2.

長島怜央 (2015)『アメリカとグアム —— 植民地主義, レイシズム, 先住民』有信堂.

中山京子 (2010)『入門 グアム・チャモロの歴史と文化 —— もうひとつのグアムガイド』明石書店.

中山京子 (2012a)「伝統文化」『現代国際理解教育事典』明石書店.

中山京子 (2012b)「戦争の記憶をめぐるスタディツアーに多様な視点をどう組み込むか —— グアム・スタディツアーを事例に」『帝京大学文学部教育学科紀要』(37), 15–22.

中山京子 (2012c)『グアム・サイパン・マリアナ諸島を知るための54章』〈エリア・スタディーズ105〉明石書店.

中山京子 (2012d)『先住民学習とポストコロニアル人類学』御茶の水書房.

中山京子 (2015)「マリアナ諸島の公立学校におけるアイデンティティの育成」日本社会科教育学会『社会科教育研究』(125).

子島進・藤原孝章編 (2017)『大学における海外体験学習への挑戦』ナカニシヤ出版.

橋田寿子 (1981)「太陽・海・カヌー —— 南太平洋芸術祭」『季刊民族学』5(1), 6–14.

橋本和也 (1999)『観光人類学の戦略 —— 文化の売り方・売られ方』世界思想社.

ヘネップ, ファン (2012), 綾部恒雄・綾部裕子訳『通過儀礼』岩波書店.

ホブズボウム, E.・レンジャー, T. 編 (1992), 前川啓治・梶原景昭他訳『創られた伝統』紀伊國屋書店.

村田晶子編 (2018)『大学における多文化体験学習への挑戦 —— 国内と海外を結ぶ体験的学びの可視化を支援する』ナカニシヤ出版.

森山工 (2007)「文化資源 使用法 —— 植民地マダガスカルにおける『文化』の『資源化』」

山下晋司責任編集『資源化する文化』弘文堂.
矢口祐人（2007）「ハワイアンを聴こう」矢口祐人・森茂岳雄・中山京子『ハワイ・真珠湾の記憶 —— もうひとつのハワイガイド』明石書店.
安井眞奈美（2003）「誰がダンスを踊るのか —— 第 8 回太平洋芸術祭へのミクロネシア地域の参加」山本真鳥・須藤健一・吉田集而編『オセアニアの国家統合と地域主義』JCAS 連携研究成果報告 6, 37–65.
山本真鳥（2016）「民族文化の新時代」内堀光基・山本真鳥『人類文化の現在 —— 人類学研究』放送大学教育振興会.
山本真鳥・豊田由貴夫・安井眞奈美・橋本裕之・船曳建夫・桑原牧子（2001）『太平洋島嶼国における芸術とアイデンティティ：太平洋芸術祭を焦点として』科学研究費補助金基盤研究 (B)(2) 研究成果報告書，1–130.

Flores, Judith (2011) *Estorian Inalahan: History of a Spanish-Era Village on Guam,* Irensia Publications, Hagatna, Guam

Flores, Judy "Chamorro Dance", in Guampedia (https://www.guampedia.com)

Guampedia (https://www.guampedia.com)

Pa'a Taotao Tano (2012) "Ginen i Kanta yan Tinaitai, Ta Na' Metgot i Fino' Chamorro: Chamorro Language through Chants/Prayers, and Songs (CLCS) Project", in *I Ukon I Mañaina-ta Chants and Songs from our Elders*, n.p., Hagatna, Guam.

Rabon, Francisco B. (2007) *Bilan I Tåotao Tåno' The Chamorro Dance Manual: Chamorro Dances, Costumes, Songs & Chants*, Irensia Publishing, Hagatna, Guam.

Topping, Donald M. *et al.* (1975) *Chamorro-English Dictionary*, University of Hawai'i Press.

Trask, Haunani-Kay (1999) *From a Native Daughter: Colonialism and Sovereignty in Hawai'i*, Revised ed., University of Hawai'i Press.

Trask, Haunani-Kay (2008) "Settlers of Color and 'Immigrant' Hegemony: 'Locals' in Hawai'i", in Fujikane, C. and Okumura, J., *Asian Settler Colonialism: From Local Governance to the Habits of Everyday Life in Hawai'i*, University of Hawai'i Press.

おわりに

　グアムのチャモロダンスに関する本を書こう、という構想は4年前からあった。何度か原稿執筆に着手したもののどうも継続しなかった。日々目前にあることや、グマの運営や交流活動に追われていたこともあるが、何よりも「書く」に至る強い意志が湧いてこなかった。限られた理解や一方的な観察で得た情報で書くことへの躊躇がこれまではあったのだろう。太平洋の文化を巡って、文化人類学の世界で「当事者不在の問題」が指摘されてきた経緯がある。一方的に文化を描きとり、当事者との信頼関係がない中で、当事者が不在の場でそれが発表されてしまうことへの問題があった。関わりを持ち始めて10年、本格的なチャモロダンスの活動、グマの活動は6年が過ぎた。活動が深まり、組織が強くなり、グアムのチャモロダンスの仲間との信頼関係の中で活動が展開するようになり、ある日突然「機は熟した」と感じた。書こう。日本で少しずつチャモロダンスが認知されるようになり始めた今こそ、「チャモロダンス」についてこれまで得た知見を共有しよう、と考えた。

*

　本書の草稿を、東京のあるホテルのロビーで本書のキーパーソンであるラボン氏に見せ、内容を説明し事実誤認がないかを含め、意見を求めたときであった。目の前に座るラボン氏をまるで第三者が眺めるような感覚に自分がなった瞬間があった。この人物は何者だろう、と感じた。グローバリズムの中で、コロニアリズムの中で失われた文化を取り戻すために、人生をかけて島の文化を再創造することに挑み、成功した人物。白い長い髪を綺麗に結い、花飾りがついたパンダナスの帽子を常にかぶり、優しい目で微笑み、時に鋭い眼光でものごとを眺め、熱く語り、時に冗談を楽しむ。若い頃には苦い思いもしたと言う。学んでは去っていく教え子も多かっただろう。チャモロダンスを生み出し普及させ、定着させるのに約30年、これからまた長い時間、

チャモロダンスと文化の普及を牽引し続け、後世に残す取り組みをするだろう。人生を「文化の再創造」に捧げる生き方の強さを感じた瞬間、自分の感覚の全てが止まり、目の前の人物が本当に偉大に見えた。

ラボン氏が再創造して整えたチャモロダンスを、日本で日本人が取り組むことは、どんな意義があるのか、何年も考え続けた。残念ながら日本人にチャモロ語のネイティブスピーカーはいない。言語的なアレンジを加える能力はあまりない。パフォーマンスにしても、新しい曲をチャモロ語で作り、チャモロ語にあった振り付けを創造する能力はたいしてない。チャモロ語のチャントをかいてもらい、意味にあった振り付けをつけて、オリジナル曲としてパフォーマンスをすることもしているが、それはわずかである。結果として、日本では「ラボン氏のチャモロダンスを守る」ことになり、それを継ぐことになる（しかできない）のである。グアムのグマから個性的な曲を教えてもらい楽しむことは大いにあるが、ラボン氏のチャモロダンスから大きくぶれることはない。それがチャモロダンスを守ることにつながるのだ、と理解するようになった。

日本で、日本人が中心となって本格的にチャモロダンスに取り組むことで、太平洋の島グアムの「先住民族チャモロ」について知る人が増え、彼らがグローバル化の中で抱えてきた歴史や現在直面している課題を知り、エールを送り合う草の根国際交流を継続できればと願い続けている。

＊

本書を書くにあたり、企画当初からの相談及び資料提供をいただき、また私たちのグマ活動を見守り続けてくださったFrancisco B. Rabon氏に心から御礼申し上げます。同様にグマの諸活動を初期から応援してくださったRon & Mary Castro ご夫妻、John & Vangie Castro ご夫妻始め、Castro Family の皆さんに御礼申し上げます。

いつでも仲間として存在し、たくさんの物事を共有してくださったグアムのファファナグエ、指導者である Dana Kim, Brian Terlaje, Bobbie Tainatongo, Eileen Meno, Raymond Lujan, Zina Ruiz, Vince San Nicolas,

おわりに

　Maxine Bigler, Art Pangelinan, 他 Pa'a Taotao Tano の皆さんに感謝します。仲間として温かい声援を送り続けてくれているグアムの友人、Tony Mantanona, Judy Flores, Ignacio R. Camacho, Michael Lujan Bevacqua, John Benaevnte, Rudy Rivera, Michele Duenas, Ron Acfalle, Jayvier Quenga に感謝します。

　グマを共に育て時間を共有し活動を長く続けている仲間に心からの敬意と深い感謝の気持ちを伝えます。特にこの1、2年、グマの中枢で活動しすべてを共有し共に歩んでいる仲間には心から感謝すると共に、彼らの幸せを願います。チャモロダンスの活動を継続し続け、本書を書くエネルギーを与えてくれた現在の仲間に感謝します。短い在籍ながらも活動を共有した過去のメンバーにも感謝します。

　本書の執筆・編集にあたり、よき相談相手になり、またチャモロ語曲の校正作業を支援してくれました東優也氏に感謝します。

　また、活動のための施設使用許可をいただき、交流活動助成をいただきました帝京大学・沖永佳史学長に感謝申し上げます。

　自由に自分の時間を使うことを認め、理解を示してくれた家族に感謝します。

　最後になりましたが、本書の刊行にあたり、グアムで活動を始めた当初よりご理解・ご支援いただいている明石書店の大江道雅氏、編集の労をとっていただきました長島遥氏に御礼申し上げます。

2018年8月
中山京子

著　者
中山 京子（なかやま・きょうこ）
帝京大学教授・博士（学術）
主な著書：
『グアム・サイパン・マリアナ諸島を知るための54章』〈エリア・スタディーズ105〉2012
　　年、明石書店（編著）
『先住民学習とポストコロニアル人類学』2012年、御茶の水書房
『真珠湾を語る —— 歴史・記憶・教育』2011年、東京大学出版会（編著）
『入門 グアム・チャモロの歴史と文化 —— もうひとつのグアムガイド』2010年、明石書店
　　（共著）

グアム・チャモロダンスの挑戦
——失われた伝統・文化を再創造する

2018年9月10日　初版第1刷発行

著　者	中　山　京　子
発行者	大　江　道　雅
発行所	株式会社　明石書店

〒101-0021　東京都千代田区外神田6-9-5
電　話　　03-5818-1171
ＦＡＸ　　03-5818-1174
振　替　　00100-7-24505
http://www.akashi.co.jp

装丁　明石書店デザイン室
印刷・製本　モリモト印刷株式会社

(定価はカバーに表示してあります)

ISBN 978-4-7503-4712-7

日本音楽著作権協会(出)許諾第1808852-801号

JCOPY 〈(社)出版者著作権管理機構　委託出版物〉
本書の無断複写は著作権法上での例外を除き禁じられています。複写される場合は、そのつど事前に、(社)出版者著作権管理機構（電話 03-3513-6969、FAX 03-3513-6979、e-mail: info@jcopy.or.jp）の許諾を得てください。

もうひとつのグアムガイド

入門 グアム・チャモロの歴史と文化

中山京子、ロナルド T.ラグァニャ ［著］

◎A5判／並製／100頁　◎1,000円

グアムは16世紀以降のスペイン支配を経て、現在はアメリカ合衆国の統治下にある。その間わずか31カ月だが、日本軍の支配下にもあった。楽しいリゾートの島として知られるグアム、その先住民チャモロの歴史と文化を中心に、人々の知られざる姿をとらえる。

● 内容構成

はじめに

I グアムとチャモロへのアプローチ

グアムを概観する／グアム小史／チャモロとは誰か／12月8日は「真珠湾」だけでない／忘れない「大宮島」の記憶／帰ってきてアンクル・サム／それぞれのメモリアル／急速に多文化化するグアム／植民地主義とチャモロの人々／アメリカ再統治に悩まされるチャモロの人々

II さまざまなメモリー

戦前、日本占領期、戦後の教育に尽くした女性（フランシスカ・Q.フランケス）／日本の名前をもつパラオ系グアメニアン（スゼッテ・キオシ・ネルソン）／土地返還を求める活動家（ロナルド・T.ラグァニャ）／現代のアイデンティティ教育を支える教師（クリストファー・カンダソ）／先祖への敬意をこめる彫刻家（グレッグ・パンゲリナン）

III チャモロのメモリー

チャモロの人々に伝わる神話・伝説／巨大リゾートホテル群の下に眠る遺跡／チャモロの夢をのせて航海するサイナ号／野外博物館　イナラハンの美しい文化村／チャモロの食文化とその変容／チャモロ語が響く公立学校／隣島ロタ島のチャモロの人々の想い／チャモロ語と植民地支配／おすすめチャモロ語講座

日本の読者のみなさまへ
グアムをよりよく知るための参考書籍

おわりに

〈価格は本体価格です〉

もうひとつのハワイガイド

入門 ハワイ・真珠湾の記憶

矢口祐人、森茂岳雄、中山京子［著］

◎A5判／並製／64頁　◎600円

ハワイ＝観光という明るいイメージ、真珠湾＝第二次世界大戦という暗いイメージ。本書はハワイ、真珠湾に対するステレオタイプの見方を捉え直し、多様な視点で歴史、地理、社会事象などを通して、同地域の知られざる魅力を豊富な写真とともにビジュアルに描く。

● 内容構成

まえがき（森茂岳雄）

Ⅰ部　真珠湾へのアプローチ

真珠湾の地理／1941年12月7日の真珠湾／真珠湾攻撃直後の報道／ハワイ先住民にとっての真珠湾／日系人にとっての真珠湾／真珠湾と映画／真珠湾の死者を追悼する——USSアリゾナ・メモリアル／真珠湾を訪れる人びと／真珠湾をめぐる大統領のスピーチ／日本の教科書の中のハワイと真珠湾

Ⅱ部　真珠湾のメモリー

日系部隊に参加した兵士　エド・イチヤマさん／戦艦ペンシルヴァニア号船上で　エヴェレット・ハイランドさん／軍事情報局からGHQへ　ソウジロウ・タカムラさん

Ⅲ部　イントロダクション to ハワイ

ハワイってどんなところ？／ハワイの日系人／タパからアロハまで／ハワイを食べる／ハワイアンを聴こう／ボン・ダンスシーズンがやってきた／日系人墓地を歩く

おわりに（ジェフリー・ホワイト）

ハワイ・真珠湾関連年表

真珠湾攻撃・ハワイをよりよく知るための参考文献

〈価格は本体価格です〉

エリア・スタディーズ 105

グアム・サイパン・マリアナ諸島を知るための54章

中山京子【編著】

四六判／並製　◎2000円

日本における認識は、ショッピングやマリンスポーツ、もしくは第2次世界大戦の記憶と、特定のトピックにかたよっている。本書は、グアム・サイパンを中心としたマリアナ諸島について、先住民チャモロの視点に重きをおき自然・歴史・社会文化を描く。

●内容構成●

I　マリアナ諸島の地理と歴史　第1章　火山活動でできた亜熱帯の島々／第2章　欧米諸国に分断された島々の運命／第3章　森がもたらす食べ物、日用品、薬／第4章　在来種vs外来種　ほか

II　グアム・サイパンの成り立ちと戦史　第12章　プンタンとフウナの物語／第13章　マリアナ諸島が「発見」された時代／第14章　グアムが「大宮島」だった時代／第15章　私は月曜日の女だった　ほか

III　文化　第26章　勇者ガダオ・祖霊タオタオモナ／第26章　海と生きタスとアイデンティティの再発見　ほか

IV　政治経済と観光　第35章　変わる「本土」との関係とチャモロ・ナショナリズムの展開／第36章　チャモロの英雄エンジェル・サントス／第37章　「槍の先端」で浸透した軍事化／第27章「創られた伝統」が古来の文化を復興／第28章　スティ　ほか

V　社会と教育　第45章　資源保護と文化保持のはざまで／第46章　フィエスタで確かめる助け合いの精神／第47章　増える移民、急速な多文化化／第48章　多文化化する島々の多様な宗教行事　ほか

エリア・スタディーズ 10
アメリカの歴史を知るための63章【第3版】
富田虎男、鵜月裕典、佐藤円編著　◎2000円

エリア・スタディーズ 51
ミクロネシアを知るための60章【第2版】
印東道子編著　◎2000円

エリア・スタディーズ 82
カリフォルニアからアメリカを知るための54章
吉岡政德、石森大知編著　メラネシア ポリネシア　◎2000円

エリア・スタディーズ 103
南太平洋を知るための58章
越智道雄著　◎2000円

エリア・スタディーズ 114
ハワイを知るための60章
山本真鳥、山田亨編著　◎2000円

エリア・スタディーズ 119
新時代アメリカ社会を知るための60章
明石紀雄監修　大類久恵、落合明子、赤尾千波編著　◎2000円

エリア・スタディーズ 149
アメリカ先住民を知るための62章
阿部珠理編著　◎2000円

エリア・スタディーズ 154
フィリピンを知るための64章
大野拓司、鈴木伸隆、日下渉編著　◎2000円

〈価格は本体価格です〉

国際理解教育ハンドブック
グローバル・シティズンシップを育む

日本国際理解教育学会 編著
(大津和子、永田佳之、中山京子、藤原孝章、嶺井明子、森茂岳雄)

■ B5判／並製／264頁　◎2600円

国際理解教育の歴史、カリキュラム開発、教育実践などを系統的に解説した格好の入門書。ESD、学力と評価、コンピテンシーなどとの関連性、ユネスコ、欧米、東アジアにおける動向など、幅広い視野から国際理解教育をとらえ、今後の研究と実践の指針を示す。

● 内容構成 ●

- 第Ⅰ部　国際理解教育のパースペクティブ
- 第Ⅱ部　国際理解教育の歩み
- 第Ⅲ部　国際理解教育のカリキュラム
- 第Ⅳ部　国際理解教育の実践
- 第Ⅴ部　国際理解教育の国際動向

日韓中でつくる国際理解教育
日本国際理解教育学会・ユネスコアジア文化センター(ACCU)共同企画　大津和子編
◎2500円

現代国際理解教育事典
日本国際理解教育学会編
◎4700円

グローバル時代の国際理解教育　実践と理論をつなぐ
日本国際理解教育学会、藤原孝章、石森広美、今田晃一、多田孝志、中山京子、森茂岳雄編著
◎2600円

学校と博物館でつくる国際理解教育　新しい学びをデザインする
中牧弘允、森茂岳雄、多田孝志編著
◎2800円

日本人と海外移住　移民の歴史・現状・展望
日本移民学会編
◎2600円

日系移民学習の理論と実践　グローバル教育と多文化教育をつなぐ
森茂岳雄、中山京子編著
◎6800円

南太平洋における土地・観光・文化
白川千尋著
◎3300円

伝統文化は誰のものか
印東道子編著
◎5500円

環境と資源利用の人類学　西太平洋諸島の生活と文化

〈価格は本体価格です〉

オセアニア

講座 世界の先住民族──ファースト・ピープルズの現在 9
綾部恒雄監修／前川啓治・棚橋訓編
◎4800円

失われる文化・失われるアイデンティティ
講座 世界の先住民族──ファースト・ピープルズの現在10
綾部恒雄監修／綾部恒雄編
◎4800円

消滅の危機にあるハワイ語の復権をめざして
先住民族による言語と文化の再活性化運動
松原好次編著
◎5000円

ニューカレドニア カナク・アイデンティティの語り
ネーションの語り・共同体の語り・文化の語り
江戸淳子著
◎9500円

ニューギニアから石斧が消えていく日
人類学者の回想録
畑中幸子著
◎3300円

海のキリスト教
太平洋島嶼諸国における宗教と政治・社会変容
大谷裕文・塩田光喜編著
◎4500円

太平洋文明航海記
キャプテン・クックから米中の制海権をめぐる争いまで
塩田光喜著
◎2200円

アホウドリと「帝国」日本の拡大
南洋の島々への進出から侵略へ
平岡昭利著
◎6000円

世界の先住民環境問題事典
ブルース・E・ジョハンセン著／平松紘監訳
◎9500円

医療人類学を学ぶための60冊
医療を通して「当たり前」を問い直す
澤野美智子編著
◎2800円

開発政治学を学ぶための61冊
開発途上国のガバナンス理解のために
木村宏恒監修／稲田十一・小山田英治・金丸裕志・杉浦功一編著
◎2800円

開発社会学を学ぶための60冊
援助と発展を根本から考えよう
佐藤寛・浜本篤史・佐野麻由子・滝村卓司編著
◎4600円

アメリカ「帝国」の中の反帝国主義
トランスナショナルな視点からの米国史
イアン・ティレル、ジェイ・セクストン編著／藤本茂生、坂本季詩雄、山倉明弘訳
◎3700円

グローバル化する世界と「帰属の政治」
移民・シティズンシップ・国民国家
ロジャース・ブルーベイカー著／佐藤成基、高橋誠一、岩城邦義、吉田公記編訳
◎4600円

イランカラプテ アイヌ民族を知っていますか？
先住権・文化継承・差別の問題
秋辺日出男、阿部ユポほか著／アイヌ民族に関する人権教育の会監修
◎2000円

アイヌの歴史
日本の先住民族を理解するための160話
平山裕人著
◎3000円

〈価格は本体価格です〉